心一堂術數古籍珍本叢刊

書名：《挨星金口訣》《王元極增批補圖七十二葬法訂本》合刊

系列：心一堂術數古籍珍本叢刊　堪輿類　第二輯　182

作者：【民國】王元極

主編、責任編輯：陳劍聰

心一堂術數古籍珍本叢刊編校小組：陳劍聰　素聞　梁松盛　鄒偉才　虛白盧主

出版：心一堂有限公司

地址/門市：香港九龍旺角西洋菜南街五號好望角大廈一〇〇三室

電話號碼：+852-6715-0840　+852-6633-7949

網址：sunyata.cc

電郵：sunyatabook@gmail.com

publish.sunyata.cc

網上書店：http://book.sunyata.cc

網上論壇：http://bbs.sunyata.cc/

版次：二零一七年一月初版

平裝

定價： 港幣　　一千五百八十元正

　　　 新台幣　　五千九百八十元正

國際書號：ISBN 978-988-8317-51-6

版權所有　翻印必究

香港及海外發行：香港聯合書刊物流有限公司

地址：香港新界大埔汀麗路三十六號中華商務印刷大廈三樓

電話號碼：+852-2150-2100

傳真號碼：+852-2407-3062

電郵：info@suplogistics.com.hk

台灣發行：秀威資訊科技股份有限公司

地址：台灣台北市內湖區瑞光路七十六巷六十五號一樓

電話號碼：+886-2-2796-3638

傳真號碼：+886-2-2796-1377

網絡書店：www.bodbooks.com.tw

台灣讀者服務中心：國家書店

地址：台灣台北市中山區松江路二〇九號一樓

電話號碼：+886-2-2518-0207

傳真號碼：+886-2-2518-0778

網絡書店：http://www.govbooks.com.tw/

中國大陸發行・零售：心一堂書店

深圳地址：中國深圳羅湖立新路六號東門博雅負一層零零八號

電話號碼：+86-755-8222-4934

北京地址：中國北京東城區雍和宮大街四十號

心一店淘寶網：http://sunyatacc.taobao.com

心一堂術數古籍 整理 珍本 叢刊 總序

術數定義

術數，大概可謂以「推算（推演）、預測人（個人、群體、國家等）、事、物、自然現象、時間、空間方位等規律及氣數，並或通過種種『方術』，從而達致趨吉避凶或某種特定目的」之知識體系和方法。

術數類別

我國術數的內容類別，歷代不盡相同，例如《漢書‧藝文志》中載，漢代術數有六類：天文、曆譜、五行、蓍龜、雜占、形法。至清代《四庫全書》，術數類則有：數學、占候、相宅相墓、占卜、命書、相書、陰陽五行、雜技術等，其他如《後漢書‧方術部》、《藝文類聚‧方術部》、《太平御覽‧方術部》等，對於術數的分類，皆有差異。古代多把天文、曆譜、及部分數學均歸入術數類，而民間流行亦視傳統醫學作為術數的一環；此外，有些術數與宗教中的方術亦往往難以分開。現代民間則常將各種術數歸納為五大類別：命、卜、相、醫、山，通稱「五術」。

本叢刊在《四庫全書》的分類基礎上，將術數分為九大類別：占筮、星命、相術、堪輿、選擇、三式、讖諱、理數（陰陽五行）、雜術（其他）。而未收天文、曆譜、算術、宗教方術、醫學。

術數思想與發展——從術到學，乃至合道

我國術數是由上古的占星、卜筮、形法等術發展下來的。其中卜筮之術，是歷經夏商周三代而通過「龜卜、蓍筮」得出卜（筮）辭的一種預測（吉凶成敗）術，之後歸納並結集成書，此即現傳之《易

經》。經過春秋戰國至秦漢之際，受到當時諸子百家的影響、儒家的推崇，遂有《易傳》等的出現，原本是卜筮術書的《易經》，被提升及解讀成有包涵「天地之道（理）」之學。因此，《易·繫辭傳》曰：「易與天地準，故能彌綸天地之道。」

漢代以後，易學中的陰陽學說，與五行、九宮、干支、氣運、災變、律曆、卦氣、讖緯、天人感應說等相結合，形成易學中象數系統。而其他原與《易經》本來沒有關係的術數，如占星、形法、選擇，亦漸漸以易理（象數學說）為依歸。《四庫全書·易類小序》云：「術數之興，多在秦漢以後。要其旨，不出乎陰陽五行，生尅制化。實皆《易》之支派，傅以雜說耳。」至此，術數可謂已由「術」發展成「學」。

及至宋代，術數理論與理學中的河圖洛書、太極圖、邵雍先天之學及皇極經世等學說給合，通過術數以演繹理學中「天地中有一太極，萬物中各有一太極」（《朱子語類》）的思想。術數理論不單已發展至十分成熟，而且也從其學理中衍生一些新的方法或理論，如《梅花易數》、《河洛理數》等。

在傳統上，術數功能往往不止於僅僅作為趨吉避凶的方術，及「能彌綸天地之道」的學問，亦有其「修心養性」的功能，「與道合一」（修道）的內涵。《素問·上古天真論》：「上古之人，其知道者，法於陰陽，和於術數。」數之意義，不單是外在的算數、歷數、氣數，而是與理學中同等的「道」、「理」--心性的功能，北宋理氣家邵雍對此多有發揮：「聖人之心，是亦數也」、「萬化萬事生乎心」、「心為太極」。《觀物外篇》：「先天之學，心法也。……蓋天地萬物之理，盡在其中矣，心一而不分，則能應萬物。」反過來說，宋代的術數理論，受到當時理學、佛道及宋易影響，認為心性本質上是等同天地之太極。天地萬物氣數規律，能通過內觀自心而有所感知，即是內心也已具備有術數的推演及預測、感知能力；相傳是邵雍所創之《梅花易數》，便是在這樣的背景下誕生。

《易·文言傳》已有「積善之家，必有餘慶；積不善之家，必有餘殃」之說，至漢代流行的災變說及讖緯說，我國數千年來都認為天災，異常天象（自然現象），皆與一國或一地的施政者失德有關；下

至家族、個人之盛衰，也都與一族一人之德行修養有關。因此，我國術數中除了吉凶盛衰理數之外，人心的德行修養，也是趨吉避凶的一個關鍵因素。

術數與宗教、修道

在這種思想之下，我國術數不單只是附屬於巫術或宗教行為的方術，又往往是一種宗教的修煉手段──通過術數，以知陰陽，乃至合陰陽（道）。「其知道者，法於陰陽，和於術數。」例如，「奇門遁甲」術中，即分為「術奇門」與「法奇門」兩大類。「法奇門」中有大量道教中符籙、手印、存想、內煉的內容，是道教內丹外法的一種重要外法修煉體系。甚至在雷法一系的修煉上，亦大量應用了術數內容。此外，相術、堪輿術中也有修煉望氣（氣的形狀、顏色）的方法；堪輿家除了選擇陰陽宅之吉凶外，也有道教中選擇適合修道環境（法、財、侶、地中的地）的方法，以至通過堪輿術觀察天地山川陰陽之氣，亦成為領悟陰陽金丹大道的一途。

易學體系以外的術數與的少數民族的術數

我國術數中，也有不用或不全用易理作為其理論依據的，如揚雄的《太玄》、司馬光的《潛虛》。也有一些占卜法、雜術不屬於《易經》系統，不過對後世影響較少而已。

外來宗教及少數民族中也有不少雖受漢文化影響（如陰陽、五行、二十八宿等學說。）但仍自成系統的術數，如古代的西夏、突厥、吐魯番等占卜及星占術，藏族中有多種藏傳佛教占卜術、苯教占卜術、推命術、相術等；北方少數民族有薩滿教占卜術；不少少數民族如水族、白族、布朗族、佤族、彝族、苗族等，皆有占雞（卦）草卜、雞蛋卜等術，納西族的占星術、占卜術，彝族畢摩的推命術、占卜術……等等，都是屬於《易經》體系以外的術數。相對上，外國傳入的術數以及其理論，對我國術數影響更大。

曆法、推步術與外來術數的影響

我國的術數與曆法的關係非常緊密。早期的術數中，很多是利用星宿或星宿組合的位置（如某星在某州或某宮某度）付予某種吉凶意義，并據之以推演，例如歲星（木星）、月將（某月太陽所躔之宮次等。不過，由於不同的古代曆法推步的誤差及歲差的問題，若干年後，其術數所用之星辰的位置，已與真實星辰的位置不一樣了；此如歲星（木星），早期的曆法及術數以十二年為一周期（以應地支），與木星真實周期十一點八六年，每幾十年便錯一宮。後來術家又設一「太歲」的假想星體來解決，是歲星運行的相反，週期亦剛好是十二年。而術數中的神煞，很多即是根據太歲的位置而定。又如六壬術中的「月將」，原是立春節氣後太陽躔娵訾之次，當時沈括提出了修正，但明清時六壬術中「月將」仍然沿用宋代沈括修正的起法沒有再修正。

由於以真實星象周期的推步術是非常繁複，而且古代星象推步術本身亦有不少誤差，大多數術數除依曆書保留了太陽（節氣）、太陰（月相）的簡單宮次計算外，漸漸形成根據干支、日月等的各自起例，以起出其他具有不同含義的眾多假想星象及神煞系統。唐宋以後，我國絕大部分術數都主要沿用這一系統，也出現了不少完全脫離真實星象的術數，如《子平術》、《紫微斗數》、《鐵版神數》等。後來就連一些利用真實星辰位置的術數，如《七政四餘術》及選擇法中的《天星選擇》，也已與假想星象及神煞混合而使用了。

隨著古代外國曆（推步）、術數的傳入，如唐代傳入的印度曆法及術數，元代傳入的回回曆等，其中我國占星術便吸收了印度占星術中羅睺星、計都星等而形成四餘星，又通過阿拉伯占星術而吸收了其中來自希臘、巴比倫占星術的黃道十二宮、四大（四元素）學說（地、水、火、風），並與我國傳統的二十八宿、五行說、神煞系統並存而形成《七政四餘術》。此外，一些術數中的北斗星名，不用我國傳統的星名：天樞、天璇、天璣、天權、玉衡、開陽、搖光，而是使用來自印度梵文所譯的：貪狼、巨

門、祿存、文曲、廉貞、武曲、破軍等，此明顯是受到唐代從印度傳入的曆法及占星術所影響。如星命術中的《紫微斗數》及堪輿術中的《撼龍經》等文獻中，其星皆用印度譯名。及至清初《時憲曆》，置閏之法則改用西法「定氣」。清代以後的術數，又作過不少的調整。

此外，我國相術中的面相術、手相術，唐宋之際受印度相術影響頗大，至民國初年，又通過翻譯歐西、日本的相術書籍而大量吸收歐西相術的內容，形成了現代我國坊間流行的新式相術。

陰陽學——術數在古代、官方管理及外國的影響

術數在古代社會中一直扮演着一個非常重要的角色，影響層面不單只是某一階層、某一職業、某一年齡的人，而是上自帝王，下至普通百姓，從出生到死亡，不論是生活上的小事如洗髮、出行等，大事如建房、入伙、出兵等，從個人、家族以至國家，從天文、氣象、地理到人事、軍事，從民俗、學術到宗教，都離不開術數的應用。我國最晚在唐代開始，已把以上術數之學，稱作陰陽（學），行術數者稱陰陽人。（敦煌文書、斯四三二七唐《師師漫語話》：「以下說陰陽人謾語話」，此說法後來傳入日本，今日本人稱行術數者為「陰陽師」）。一直到了清末，欽天監中負責陰陽術數的官員中，以及民間術數之士，仍名陰陽生。

古代政府的中欽天監（司天監），除了負責天文、曆法、輿地之外，亦精通其他如星占、選擇、堪輿等術數，除在皇室人員及朝庭中應用外，也定期頒行日書、修定術數，使民間對於天文、日曆用事吉凶及使用其他術數時，有所依從。

我國古代政府對官方及民間陰陽學及陰陽官員，從其內容、人員的選拔、培訓、認證、考核、律法監管等，都有制度。至明清兩代，其制度更為完善、嚴格。

宋代官學之中，課程中已有陰陽學及其考試的內容。（宋徽宗崇寧三年〔一一零四年〕崇寧算學令：「諸學生習……並曆算、三式、天文書。」「諸試……三式即射覆及預占三日陰陽風雨。天文即預

定一月或一季分野災祥，並以依經備草合問為通。」

金代司天臺，從民間「草澤人」（即民間習術數人士）考試選拔：「其試之制，以《宣明曆》試推步，及《婚書》、《地理新書》試合婚、安葬，並《易》筮法、六壬課、三命、五星之術。」（《金史》卷五十一·志第三十二·選舉一）

元代為進一步加強官方陰陽學對民間的影響、管理、控制及培育，除沿襲宋代、金代在司天監掌管陰陽學及中央的官學陰陽學課程之外，更在地方上增設陰陽學教授員（《元史·選舉志一》：「世祖至元二十八年夏六月始置諸路陰陽學。」）地方上也設陰陽學教授員，培育及管轄地方陰陽人。（《元史·選舉志一》：「（元仁宗）延祐初，令陰陽人依儒醫例，於路、府、州設教授員，凡陰陽人皆管轄之，而上屬於太史焉。」）自此，民間的陰陽術士（陰陽人），被納入官方的管轄之下。

至明清兩代，陰陽學制度更為完善。中央欽天監掌管陰陽學，明代地方縣設陰陽學正術，各州設陰陽學典術，各縣設陰陽學訓術。陰陽人從地方陰陽學肄業或被選拔出來後，再送到欽天監考試。（《大明會典》卷二二三：「凡天下府州縣舉到陰陽人堪任正術等官者，俱從吏部送（欽天監），考中，送回選用；不中者發回原籍為民，原保官吏治罪。」）清代大致沿用明制，凡陰陽術數之流，悉歸中央欽天監及地方陰陽官員管理、培訓、認證。至今尚有「紹興府陰陽印」、「東光縣陰陽學記」等明代銅印，及某某縣某某之清代陰陽執照等傳世。

清代欽天監漏刻科對官員要求甚為嚴格。《大清會典》「國子監」規定：「凡算學之教，設肄業生。滿洲十有二人，蒙古、漢軍各六人，於各旗官學內考取。漢十有二人，於舉人、貢監生童內考取。」學生在官學肄業、貢監生肄業或考得舉人後，經過了五年對天文、算法、陰陽學的學習，其中精通陰陽術數者，會送往漏刻科。而在欽天監供職的官員，《大清會典則例》「欽天監」規定：「本監官生三年考核一次，術業精通者，保題升用。不及者，停其升轉，再加學習。如能黽

術數研究

術數在我國古代社會雖然影響深遠，「是傳統中國理念中的一門科學，從傳統的陰陽、五行、九宮、八卦、河圖、洛書等觀念作大自然的研究。……傳統中國的天文學、數學、煉丹術等，要到上世紀中葉始受世界學者肯定。可是，術數還未受到應得的注意。術數在傳統中國科技史、思想史，文化史、社會史，甚至軍事史都有一定的影響。……更進一步了解術數，我們將更能了解中國歷史的全貌。」（何丙郁《術數、天文與醫學中國科技史的新視野》，香港城市大學中國文化中心。）

可是術數至今一直不受正統學界所重視，加上術家藏秘自珍，又揚言天機不可洩漏，「（術數）乃吾國科學與哲學融貫而成一種學說，數千年來傳衍嬗變，或隱或現，全賴一二有心人為之繼續維繫，賴以不絕，其中確有學術上研究之價值，非徒癡人說夢，荒誕不經之謂也。其所以至今不能在科學中成立一種地位者，實有數因。蓋古代士大夫階級目醫卜星相為九流之學，多恥道之；而發明諸大師又故為惝恍迷離之辭，以待後人探索；間有一二賢者有所發明，亦秘莫如深，既恐洩天地之秘，復恐譏為旁門左道，始終不肯公開研究，成立一有系統說明之書籍，貽之後世。故居今日而欲研究此種學術，實一極困難之事。」（民國徐樂吾《子平真詮評註》，方重審序）

勉供職，即予開復。仍不及者，降職一等，再令學習三年，能習熟者，准予開復，仍不能者，黜退。」除定期考核以定其升用降職外，《大清律例》中對陰陽術士不準確的推斷（妄言禍福）是要治罪的。《大清律例·一七八·術七·妄言禍福》：「凡陰陽術士，不許於大小文武官員之家妄言禍福，違者杖一百。其依經推算星命卜課，不在禁限。」大小文武官員延請的陰陽術士，自然是以欽天監漏刻科官員或地方陰陽官員為主。

官方陰陽學制度也影響鄰國如朝鮮、日本、越南等地，一直到了民國時期，鄰國仍然沿用着我國的多種術數。而我國的漢族術數，在古代甚至影響遍及西夏、突厥、吐蕃、阿拉伯、印度、東南亞諸國。

現存的術數古籍，除極少數是唐、宋、元的版本外，絕大多數是明、清兩代的版本。其內容也主要是明、清兩代流行的術數，唐宋或以前的術數及其書籍，大部分均已失傳，只能從史料記載、出土文獻、敦煌遺書中稍窺一鱗半爪。

術數版本

坊間術數古籍版本，大多是晚清書坊之翻刻本及民國書賈之重排本，其中豕亥魚魯，或任意增刪，往往文意全非，以至不能卒讀。現今不論是術數愛好者，還是民俗、史學、社會、文化、版本等學術研究者，要想得一常見術數書籍的善本、原版，已經非常困難，更遑論如稿本、鈔本、孤本等珍稀版本。

在文獻不足及缺乏善本的情況下，要想對術數的源流、理法、及其影響，作全面深入的研究，幾不可能。

有見及此，本叢刊編校小組經多年努力及多方協助，在海內外搜羅了二十世紀六十年代以前漢文為主的術數類善本、珍本、鈔本、孤本、稿本、批校本等數百種，精選出其中最佳版本，分別輯入兩個系列：

一、心一堂術數古籍珍本叢刊

二、心一堂術數古籍整理叢刊

前者以最新數碼（數位）技術清理、修復珍本原本的版面，更正明顯的錯訛，部分善本更以原色彩色精印，務求更勝原本。并以每百多種珍本、一百二十冊為一輯，分輯出版，以饗讀者。

後者延請、稿約有關專家、學者，以善本、珍本等作底本，參以其他版本，古籍進行審定、校勘、注釋，務求打造一最善版本，方便現代人閱讀、理解、研究等之用。

限於編校小組的水平，版本選擇及考證、文字修正、提要內容等方面，恐有疏漏及舛誤之處，懇請方家不吝指正。

心一堂術數古籍　整理　珍本　叢刊編校小組

二零零九年七月序

二零一四年九月第三次修訂

挨星金口訣袖珍本

弁言

挨星之說。分門聚訟。由來久矣。不得傳心之祕

。不經覆墳之多。必不能道其真偽疑似於一覽也

。余究心此學。歷二十有五稔。始將五里霧突破

。踤楊曾之門。升楊曾之堂。入楊曾之室。敢起

楊曾而問之曰。道在是乎。必曰道在是也。道在

是也。於是一望諸家穿鑿支離之說。可以立判其

非。再讀辭氏辨正。及無心道人直解。不當把臂

談心。始信前人果不我欺。我再說法。亦不敢絲

毫有欺於後人也。前擇三元真諦曾禁錄抱膝答難

種種。於地盤下卦之密切口訣。間已闓發無道。

惟天盤挨星一途。杂自諉氏養吾之玄空跎遽。倘
屬貌似。而未能與楊曾一一作心印也。出版以來
。隱究於心。深知無心道人之道所。給繼蔣氏排
正而卓有見地。有非他書所能企及者。談氏屬其
再傳弟子。於路遊之作。不用三般卦起父母。又
執紅黑字定侯陽。求建稱父母本應倒排。而又以
順出之。顯與直解南轅北轍。果何故歟。意者此
道之真。能改天命。奪神功。不敢以印板文字。
利盤托出。而又救世情殷。遂以偽雜真。而冀有
心人之自悟歟。是必有詳也。余撥修改真諦冒禁
錄等書。為晚年定本。竊慮一時不及。乃草此三

十二條。付印小冊。先行端告同人。用資參究。
天卦地卦。體用兼全。能於前後八尺。審移步換
形之穴心。又於流轉九星。識乘時納氣之關竅。
而今而後。庶可告無罪於講學云耳。歲在玄默敦
牂。貞於孟陬。既望。華陽王元頌自識。時年六
十有一。

挨星金口訣袖珍本

挨星金口訣

王元極

三般卦以一四七。四七一。七一四爲一般。二五八。五八二。

八二五爲一般。三六九。六九三。九三六。爲一般。以三般卦

起山向建極父母法。天元卦突然自起。不經位致。如一遙起一

。以至九還起九是也。人卦兩元氣四位而起父母。如一運之人元起四。地元起七。(即一四七)以至九運之人元起三。地元起六(即三六九)是也。顛而致之縱四位奇。逆而致之即縱七位。當與經曰北斗七星去打劫。離宮要相合也。如一運之四七。當與一離宮者。一可卦四。又兩卦七，則與離宮相反奇，又適悖而相合矣。逆七相合者。有七日來復之義。必知此例。乃符人地二卦定卦分星之秘竅。玩經次上二句為融得父母三般卦。便是貫神路。已可曉然。況玩全經又有云。東西父母三般卦。算值千金價。天地父母三般卦。時師未會話。與君父得下三吉。三般卦第一。諸如此類。挨重三般卦。皆帶父母二字言之。識此則凡講挨星而不由三般卦起建得父母者。可一累而斥為偽法矣。

某某間一卦三山。同在一宮之內。挨星捉星。宜同用一令星也。

何為劃分三卦。迥然不同。(即如一運一起天元四起人元七起地元之不同)不知三般卦之為用。原以三大卦為體。按二十四山。三大卦法。以子午卯酉。配乾坤艮巽為天元。寅申巳亥。配乙辛丁癸為人元。辰戌丑未。配甲庚壬丙為地元。三元既分。經界顯然。蔣氏謂劃分三爻。爻分三卦者以此，蓋陰陽之妙用始於一。有一爻即有三爻。明乎此則一四七。二五八。三六九之循環顛倒。為玄空起父母之一卦。又何疑乎。以有一卦即有二卦視三大卦所下之一卦。應用三般卦之另二卦為令星入中。以求山向建極父母。為令星入中五。以求山向建極父母。再入中五。分陽順陰逆。以挨九星於本卦八路。挨星必用中五為樞紐者。經曰中五立極。臨制四方是也。求山向建極父母。必用逆推。即經言倒排父母是真龍之訣。其義出於易逆數也。心眼指要有一九二八三七四六中五凡五圖。可玩而知之。惟法廠九圖

而但俳爲五。未免示人不明耳。

凡下三大卦之天元山向。於三般卦爲突然自起。即一運起一以

至九運起九。此用入中之令星。即天心正運之一卦。經曰八卦

只有一卦遁指此。必用得此一卦。

如是。而八地二元。如一運用四七。乃能流轉八卦於八方。天元

天心一卦通之。經曰乾坤艮巽鷹何立。乙辛丁癸落何宮。甲庚

壬丙來何地。星辰流轉要相逢。蓋指天心一卦。九宮遞更。必

不能固執地盤於一定也。

三大卦以子流天元。寅統八元。此統地元。即三統三處之義。

三大卦之配法。又與曆家之天德神相符。如子午卯酉月。以乾

坤艮巽爲天德。寅申巳亥月。以乙辛丁癸爲天德。辰戌丑未月

以甲庚壬丙爲天德。三者貫通云。天德福。故乃尊指心。辰

。又奇門以甲己別子午卯酉爲上元。卯寅申巳亥爲中元。卯辰

四

戌丑未為下元。三大卦易彼之上中下為天人地。義亦相通。又

奇門係節氣分為三元。五日一元。如冬至九三六之

例。皆經七位換一元。三大卦視三般卦把父母。每卦三爻。外

天人地三山。以一四七、二五八、三六九、循環顛倒。亦與奇

屬地九宮。蔣氏詆謂奇門主地。從洛書來。與地理大卦同出一

門之分局相似。實照引奇門作比云。天有三奇地六儀。天有九

源。而謂師用錯。所以不驗。惟挨星大五行。是奇門真訣云云

。息有以也。

一二三為上元。亦可稱天元。四五六為中元。亦可稱八元。七

八九為下元。亦可稱地元。此大三也。一二三又分上中下。亦

可稱天人地。四五六七八九亦然。斷為小三元。一四七為上中

下三元之首運。號統令星。一元得三元龍力。然能管足六十年

。二五八為上中下三元之中運。得為聚令。一元尚有兩元龍力

。各能管至四十年。三六九爲上中下三元之來龍。皆爲專令。

一元只有一元之能力。各管二十年而已。此爲元運消長之大限。

在倥中流行氣辨之。不以地盤板格論也。

經曰江東一卦從來吉。八神四個一。蓋謂江東卦乃卦之起於西

者。八卦之中。自乾而離而震之經四位以起定母也。即六九三

之來一卦。於六連賍三六卦之地元起屋用之。亦即小三元之地

元也。故一卦只管一卦之事。蓋三般當令。坎坤都已過時。既

跳將來。又吳屬一元。吳時之不能兼管他卦。非卦之不能氣通

他卦也。六乾九離亦然。又曰江西一卦挑龍位、八神四個二、

蓋謂江西卦乃卦之起於東者。八卦之中、自巽而兌而坎之經四

位以起父母也。即四七一之中一卦。於四連賍三六大卦之人元起

星用之。此爲借喩小三元之八卦、故一卦而管二卦之事。小

三元之人元。本二五八也。而友借四七一爲七爲八元作喩。隱

謎至深且幻。有如此者。註謂兌為七。屬下元首運。該包三卦

。以七數至九。亦該得三吉。是假兌七一卦。即示人以上中下

之首運。皆屬小三元之天元。一卦可管三卦。而小三元之人元

一卦管二卦之本旨。亦可悟於言外矣。妙在不作正解。而謂八

神四個二之二字。是玄空心法中只得艮兌。不得離九之為二也

。七入中作兌山。水龍排向。離九為建極父母。已入中五。八

方排來。只得艮八兌七。此又兼以挨星實驗示人。而不拘拘於

人元管二卦作解也。至南北八神共一卦而不言四個者。註謂即

江北一卦。突然自起。不絕位數。亦舉坎一以例其餘八卦耳。

以三般卦令屋入中五。倒排父母。分山水為兩片。上四運一二

三四在山。九八七六在水。並為得時得令。反此則為失時失令

。卜四運六七八九在山。四三二一在水。並為得時得令。反此

。則為失時失令。得時得令者為陽。失時失令者為陰。此陰陽能

蔣不同。隨地而異。是以在在陰陽。經曰龍分兩片陰陽取。又曰分却東西兩個卦。可謂東西兩片。又可謂往來一片。去一片。生一片。死一片。明得空中排龍。有顛倒活潑之神機。則所謂眞陰眞陽。自有一定把握。絕無半點遊移。（玄空祕旨）闡章即曰。不知變易。但知不易。九星八卦皆空。不識三般。那辨兩片。凡屬五行皆錯。有味乎其言之不可忽也。

兩片無中五。值中元五運二十年。前十年寄乾。後十年寄巽。凡用三般卦令星入中五。倒排建極父母。中五所到之位。即以入中之一星。暗定其陰陽。如一入中。五到坎。坎之本位即一。二入中。五到坤。坤之本位即二是也。若順排則五反到入中之對宮矣。此亦足證建極父母必倒排也。順排父母倒子息。即犯上山下水。

●

洛書四正為陽。四隅為陰。蔣氏羅經。依干維乾艮巽坤壬。支辰坎震離兌癸之例。以四正之子癸午丁卯乙酉辛為黑字屬陰。四隅之乾亥巽巳坤申艮寅為紅字屬陽。並與洛書相反。而四正之甲庚壬丙。仍作紅字屬陽、四隅之辰戌丑未。仍作黑字屬陰。此蓋示人以陽可變陰。陰可變陽。陰陽之真者。必隨時臨地而變遷不一也。直解論真陰真陽。有曰坐者為陽。死者為陰。求者為陽。往者為陰。當令者為陽。失運者為陰。非以山為陽水為陰也。又非以紅字為陽。黑字為陰也。又非以干屬陽支屬陰也。辨偽歌甲庚壬丙俱屬陽。乙辛丁癸是陰位。有時占陽即喚陽。業已明山示人不可執定陰陽為死物。而天元歌更有四吉四凶分順逆一語。四吉四凶。即山一片水一片之四吉四凶。蓋大五行以來一片為順為吉為陽，往一片為逆為凶為陰故也。

三般卦令星入中五倒排求此之建極父母。但是空中無形之氣。
名為金龍。上四運內。一二三四在山（零山）九八七六在水（一向
首）下四運內。六七八九在山。四三二一在水。皆為動為開。
反此則心靜為陰。帝靈序云。先看金龍動不動。奧語云認金龍
。一經一緯義不窮，動不動。直待高人施妙所。均指此也。捷
訣。山上抄龍。要山上得山。水裏排龍。要向
上得陽。令星乃能到向。直使有云。山上龍神有山。水裏龍神
反是陰山陰水。陽為生。陰陽倒用。斷為僞法也疑。
□查其所用之陰陽。結用天盤那到之紅字為陽。黑字為陰。尤
在水。即謂陽山陽水。不得此訣。不能辨方。談氏玄空路透。
不用三般卦。而又順推父母。山上龍神在水。
令星入中十求建極父母。如一運作天元八山。一為令星入中五

令星入中五倒排求此之建極父母。

◦倒排一周。得二黔三卯四坤五子六午七艮八酉九乾。是爲八

天元建極父母。如作八元八山。即自一經四位而起父母。以四

入中五。得五巳六乙七中八癸九丁一寅二亥三巳。如作地元八

山。再自四經四位而起父母。以七入中五。得八辰九年一未二

壬三丙四丑五庚六戌。遂時逐卦。排定雖極父。視乎所尺之山

向。或乘山上挑龍。或乘水裏挑龍。認得敦失。乃入中五。以挑九星於八路。

定用神。爲陰爲陽。敦得敦失。乃入中五。以挑九星於八路。

殷如一運作卯山酉向。卯山之建極父母是三。爲山上得陰。三

入中子順挨。於是四乾五酉六艮七午八子九丑一卯二巽。爲若

卦八路挨星。一到卯。郎令星到山。山上龍神在山。是吉。西

向之建極父母是八。爲水裏得陰。八入中子順挨。於是九乾一

西二巳三卯四子五地六卯七巽。爲若卦八路挨星。一到酉又郎

令星到向。水裏龍神在水。是吉。如坐酉向卯。卽以八挑山。

三排水。為陰山陰水。皆逆排九星於本卦八路。山之令星反在
向。水之令星反在山。是謂上山下水。最凶。知此三卦八酉之
為建峻父母。視山水而一神兩用。陰陽顛倒。則二十四山。共
戊四十有八局之活法。即可了然於一掌矣。經曰二十四山雙雙
起。少有明師知此義。又曰九星雙雙起張異。玄關真妙處。又曰
二十四山分兩路。認取五行主。又曰紐天倒地對不同。秘密在
玄空。諸如此類之口訣。有不一言立悟者乎。
直解有云。山用順。水用逆。俗註已明。水用逆而星仍用順。
時師未曉。閻者多不能解。按山用順。水用逆。即上四運一二
三四宜在山。九八七六宜在水。下四運六七八九宜在山。四三
二一宜在水之兩片法也。俗註之類。任謬柱於地盤耳。真道亦
不為誤。故曰俗註已明。其水用逆而是仍用順一番。是謂用得
逆時之水。乃為陽水。人疾是學必是頁非。大五行不會也。

龍。皆取順不取逆。順天者昌。逆天者亡。知背此有幾人乎。

牧斥待師為末曉。

挨星條例。坤壬乙。巨門從頭出。艮丙辛。位位是破軍。紫炁

亥。盡是武曲位。甲癸申。貪狼一路行。艮丙辛。位位是破軍。乂逸語云。文曲古

子卯未。三山祿存位。午酉丑。三位右弼守。乾戌巳。文曲古

歌是。庚丁寅。依例作輔星。世舊蔣氏雜經。久已遍戌而用法

不傳。范宜賓乾坤法竅。竅作貪狼于癸與甲申。壬卯未坤乙巨

門。四六宮中皆武曲。酉辛丑與巽內破軍。寅午庚丁四位七。得

右弼一星次第臨。乾與蔣艇大有出入。而蔡眠小辨正求真。又

作坤壬乙。巨門從頭出。艮丙辛。位位是弼星。巽辰亥。盡是

文曲位。甲子申。貪狼一路行。癸未卯。三宮祿存弼。寅午庚

。依例作弼星。丁酉丑。三山破軍守。乾戌巳。武曲一星是。

又與蔣范彼此懸殊。沈星執非。間者少有定評。必得訣而後。

始證三家條例。可以一法貫之。所謂挨星條例者。豈以居注示

人。或異或同。在所不拘。是石門。非巨門。是破軍。非破軍

。位無定位。名無定名。皆視天心而爲轉移者也。此以令星入

中五。倒排建禄父母。再入中五。取陽順挨之。令星必到所用

山向。試考甲癸申貪狼一路行一例。貪狼即一路令星。一入中

。三到甲。三再入中。甲上得一。一入中。五到癸。五再入中

。癸上得一。一入中。四得申。四再入中。申上得一。此甲癸

中豈惟可作貪狼而已哉。九星印任舉一星作令星。亦無不到甲

癸申矣。貪狼又豈惟甲癸申而已哉。二十四山任作何山於貪狼

令星時。亦無不有一貪狼到矣。三家條例。故作歧中之歧。不

以此嶽推之。萬難字字密合。惟條例排是。一律用順。意在教

人趨陽避陰。必勘破山上排龍。坐山要得陽。水裏排龍。向首

要得陽之一竅。始能曉然而無疑耳。

天元取輔。人元兼貪。是第一重要作法。天元卦取得天心正運
一卦乘時。令星得地。用下即發。如不取輔。恐一發便衰。不
能補救於將來。輔星安在。即一運之四七。以至九運之三六是
也。經曰。子癸午丁天元宮。卯乙酉辛一路同。若有山水一同
到。半穴乾坤艮巽宮。取得輔星成五吉。山中有此是眞龍。即
天元取輔之炬鑱。蔣註輔星五吉。指天元宮之最親者言。可知
輔星即子息卦之挨星氣。非左輔星。惟註有取四仲之支爲天元
宮者。非此四支皆屬天元。乃謂此四支之中。有天元者存也一
說。意假大三元之天元以作隱謎。途使人反疑子午卯酉之不爲
天元矣。其詿人地卦亦然。又作人地二卦。所用令星。另由北
斗打刦而來。皆非本元正運。如不兼貪。不能取得當時直達之
機。恐用下兼貪。持久乃發。未爲善也。兼貪非他。有如一運
作人地。正用四七而兼收得一。以至九運正用三六而兼收得九

。即是貪狼。貪狼指父母卦之挨星氣。非貪狼星。經曰寅申巳

亥人元來。乙辛丁癸水來催。更取貪狼成五吉。寅坤申艮御門

開。又曰辰戌丑未地元龍。乾坤艮巽夫婦宗。甲庚壬丙為正向

。脈取貪狼諸正龍。即人地兼貪之標準。蔣註謂人元必兼貪狼

而先榮後凋。若不兼貪狼。應其發遲熱驟歇。地元能取貪狼諸

衛正龍根本。則卦氣未值。其根不搖。卦氣已遲。源長流遠。

玩此評論。可知人地二元所用介星。恆與天心正卦上下懸隔。

所以然者。由經四位而起故也。人地兼貪。覺比天元收。尤

為吃緊之至。

衆帶之辨。卦之中爻為父母。兩旁為子息。父母排到子息。總

是一卦之內。純乎吉純乎凶。視時地而最易見。若雜他卦之父

母。或他卦之子息。此必吉凶不純。非精細辨之不可，經曰

五行位中出一位。。仔細密中記。又曰共路兩神為夫婦。認取

真神路。又曰父母排來看左右。向首分休咎。又曰父母陰陽仔
細。前後相兼定。前後相兼兩路看。分定兩邊安。凡闘龍帶之
局。除正下起星外。無論龍帶幾位。親傍本宮坐山向首。以三
般卦起星取之。倘來龍不純。水又來雜。天卦又出入不一。主
凶。地盤一卦純清之局。或天元一卦。或地元一卦。或人元一
卦。時術莫不以爲至美矣。經曰卦內八卦不出位。代代人傳貴
。要知地卦不出。天卦不合。猶爲卦外。必地卦不出。天卦亦
不出。乃真卦內也。或地卦出。天卦不出。亦謂卦內。地卦有
三大卦互出之局。奈能如法裁得三吉五吉。並雌雄交會。地大
不可名言。即有人地錯雜。如巳丙亥壬寅甲申庚乙辰辛戌丁來
癸丑之類。亦有時天煞偶合而不嫌帶雜者。然要密慎之至。不
可輕下。惟亥壬壬亥二局。又可任用而無忌也。
寅照子癸丙吉壬子凶。三字真假在其中。放子卒出賑子宗弟弱

數差錯在丑與壬數語。只解作地盤辨龍行度陰陽之純雜可也。若作天卦。便與三般卦大相牴觸。必天人地三卦並以一令星起星。地與天人。分作陰陽兩路。仍以紅字爲陽。黑字爲陰。始與此數語相合。讀發吾之玄空路透即是此法。而諸家挨星亦多類此。斷然謬誤。特爲辨之。

經曰陰陽二宁看零正。坐問須知病。若遇正神正位裝。撥水入零堂。零堂正向須知好。認取來山腦。水上挨龍照位分。兄弟更子孫。按山水陰陽。由零正而分。上四運一二三四爲正神。九八七六爲零神。下四運六七八九爲正神。四三二一爲零神。即兩片之別名也。坐正向零。山上龍神在山。水裏龍神在水。自是無病。若遇正神在向。犯水裏龍神上山之病。能撥水入零堂。而來山坐主有待正神在位。不犯山上龍神下水之病者。即雙介星到山之局也。雖有病亦吉。水上挨龍照位分。指挨水排

龍之法。排著同元。一氣煮爲兄弟。挨得五吉三星者亦爲兄弟。

兄弟之左右兩爻又爲子孫。故必照作分開。執吉執凶。始有定

評。

經曰本山來龍立本向。反吟伏吟禍難當。按本龍本向。明指本

元旺氣到向。以水論屬陰。旺氣到向。每見蓑氣到山。亦是陰

神。犯上山下水之患。是以大凶。直解故作反語爲木元旺氣到

山。與經文旨本龍本向牴牾。至莊下節墳頭下了剝官星一句。

乃明喜此剝官即上節本山本向。反吟伏吟。上山下水。顛倒誤

用。官星受尅之剝官也。附另一解。凡值五廉爲建祿父母。其

陰陽視入中之令星定之。一運一入中。五到坎。下天元卦。

五卽帶一。排山爲陽順。八方位位是伏吟。排水爲陰逆。八方

位位是反吟。然本元下本元山。坐山厚重者。雖伏吟亦吉。若

向對本元。水裏龍神上山。與前解無忌。

經曰乾山乾向水朝乾。乾峯出狀元。卯山卯向卯源水。驟富石
崇比。午山午向午來堂。大將鎮邊疆。坤山坤向水坤流。富貴
永無休。此指天卦一氣清純之貴。舉四卦以例其餘也。外此者
巽主男尚宮主。女作宮妃。艮主忠良特起。仙聖並育。子主性
情放蕩。儒雅風流。兌主才品俊逸。文武兼優。見尹氏補義。
按諸家解乾山乾水朝乾各例。均以先後天八卦兼納甲爲卽無一
能中肯綮者。惟直解以一語破之曰。向上水上之星。卽山上之
星也。晨爲曉暢。例如六運作卯山酉向。山之令星六到山。水
之令星六到向。朝水如在壬。壬上亦得令星六。卽爲乾山乾向
水朝乾。一卦清純最吉。餘局倣推。
生入尅入。生出尅出之辨。凡立 ☲ 穴首辨天心。以定穴中正氣
。而更有摧其權者。則在向中朝入之氣。及所放之水也。向上
無水而有空氣朝入之局、若主不勝客。可用我居於挨敗而受朝

來生旺之氣。爲從外生入主吉。倘我居於生旺而受朝來衰敗之
氣。似乎我反生之。爲從內生出。不吉。穴中既有生入之定氣
。而所放之水。又在我衰敗之方。水來尅我。適所以生我也。
爲從外尅入主吉。倘所放之水。又在我生旺之方。我居衰敗，
爲從內尅出。不吉。此生旺衰敗。以零正辨之。非挨星也。
經曰。向放水。生旺有吉休囚否。按向上一星。最以晨得神生
旺爲要。向上無水去來者猶可。或有水去來者。或有水聚者。
或見水光者。或合成三义者。此謂之城門。關係
盛衰之地。最爲緊要。令星反到山。便不可用、
三吉五吉之辨一二三‧四五六‧七八九‧最爲上甲中下三元三吉
。挨而通之。則二三四五六七八九一。亦爲三吉。三四五六七
八九一二。亦爲三吉。而排來並非有此例。三吉外尚取輔星。
則爲五吉。一運取四七。二取五八。三取六九。四起七一。五

取八二。六取九三。七取一四。八取二五。九取三六。三吉五吉。均在天卦上取之。蓋挨星作用，有專收三吉而歸於一路者。先時補救之道也。不直達則取勝無先錄。不補救則善後無良策。此中循環顛倒。天心叵不易測也。豈單講地卦者所能窺其萬一哉。常時直達之機也。有兼收五吉而不歸於一路者。天卦挨星之氣，恆以當令者為旺。將來者為生。將生者為平。已過者為衰。衰久者為死。什山在水。一同論也。惟山之挨星只管山。水之挨星只管水。分道揚鑣。不相假借，奧夫排龍一籌。山水並以顛倒判為二途。是為山水分用之訣耳。挨星之用。固以山之令星到坐山、水之令星到向首。便謂之令星得地已。然於來龍水口。或朝水山峯。凡有關盛衰之處，有不得吉，亦未為盡善也。蓋山向與來龍水口。或朝水山峯。於大卦又必雄雌交會。最宜一六二七。坤兌有雄雌交會之關竅。於大卦又必雄雌交會。

三八四九相見。或一九二八三七四六相見。或一四二三七八九
六之相見。或三吉五吉相見而成聯珠。或三般卦相見而歸於一
路。經曰。陰陽相見兩爲難。一山一水何足言。實指此也。
三才三吉。六秀六建。二神三陽。子母公孫。父母子息。種種
名詞之見於經者。在干支卦位辨龍純雜之用。茲不贅析。
看太歲法。在一年以年辰爲太歲。在一運以令星爲太歲。經曰
合祿合馬合官星。本卦生旺尋。合吉合凶合祥瑞。何能趨避。
但看太歲是何神。立地見分明。成敗定斷何公位。三合年中是
指此。按應年應命。三合外尚有塡實對冲最驗。。六合五合納
甲亦驗。
經曰天卦江東掌上尋。知了值千金。下文即以地畫八卦誰能會
。山與水相對緊承之。又曰第四奇。明堂十字有玄微。指地卦
也。第七奧。要向天心尋十道。指天卦也。足見天卦地卦。雙

方並頭。必先將地卦干支方位。求得山水情形。位位對待配合
。然後可以天卦辦其疏虛消長耳。如不先究地卦。八尺斷無一
定準繩。古人立法。體用必須兼顧。有至理也。地卦用法。余
前撰三元真諦冒禁錄各集已詳。茲不繁贅。

挨星舉例。(心眼指要)載宋飛濤婁東一地。葬於康熙乙丑歲。
作亥山巳向加壬丙。課曰秀才出去狀元歸。登科卽狀元。應於
乙酉歲。查清康熙乙丑。值上元一運。作亥山巳向入元卦。自
一經四位而得四爲令星。(一剋四也)四入中倒排。求得山向建
極父母亥三巳五。三管山爲陽山。再入中順挨四到山。五管水
爲陰水。再入中逆挨。四又到山。此雙令星同聚於山之局。本
屬次吉。惟挨山有二到向。四加壬爲地元卦。再經四位得七爲令
山上之雙四成天心十道。又加壬爲地元卦。乃三吉之一。又與
星。(一又剋七也)七入中倒排。我府川山之本宮兒孫戊上得
挨水之六到向。

六。六為陰。再入中逆挨。壬上得一。即天心正運。亥加壬得
四一同宮。一為貪狼。四為文曲。所以有狀元頭貴之應。應於
乙酉者。乙酉入二運。向上是二。又兼巳酉丑三合故也。玩此
人元起星。並雜地元之用法。則三般卦之顛倒精微。可以一例
而貫之矣。

天元歌云。四吉四凶分順逆。父母二卦顛倒輪。向首一星災禍
柄。去來二口生死門。按此四語。賅括挨星用法。明瞭極矣。
四吉四凶。即指山一片水一片之四吉四凶。非謂挨星有四吉四
凶也。由山水兩片。分出陰陽順逆。父母二卦。即建極父母。
如一運作卯山酉向。以三山八水管局。而酉山卯向。應換作八
山三水。即是顛倒輪之訣。向首一星。最關休咎。故目為災禍
之。言向首而坐山可知。山向乃穴之主腦。吉凶萬端。從此
而出。陰陽順逆。從此而分。論水用向首。論山則論坐山。論

水龍以去來二口為生死之門。論山龍則重來龍與水之去口。而來水可勿論也。其有特朝特聚之水。又常欲論。龍用山收。水由向納。心眼指要有明文。

挨星之令星到坐山向首。可分四格。（一）排山得令星到山。排水得令星到向。此陽山陽水之局。於山水雙收之地最吉。（二）掛山得令星到山。而排水亦令星到水。此陽山陰水之局。於坐山高厚豐陰。當面無水。或水不勝山之地最吉。否則水之令星陰陽相見乃吉。（三）排水得令星到向。而排山亦令星到向。此陽水陰山之局。於坐後低薄空虛處。而向水頗盛。能與向上之星。或來或去。或聚。巳與山之令星雙聚於山。必要水上之星。能與向上之星。陰陽相見乃吉。又或衆有特簽特朝之山最吉。否則山之令星或現光。必要山上之星。能與向上之星。陰陽相見乃吉。（四）排山得令星到向。之令星。雙聚於向。排水則令星到山。此陰山陰水之

局。山水雙收之地。值此為山上龍神下水。水裏龍神上山。顛

倒差錯。最凶。惟坐空朝滿之地。又反最吉。

凡下穴排得坐山向首兩令星。察其得地與否。孰凶孰吉。非察來龍水口。誰消誰長。

與一切有關衰盛之處。一一參互配合。與造命理同。

可以一覽在目。但此法必視用時山向得失為主。

以葬乘生氣。或乘死氣故也。不識用自何時者。勿輕論之。

經曰。請驗一家舊日墳。十墳埋下九墳貧。惟有一墳能發福。

去水來山盡合情。直解謂十墳用於一處。則九墳之前後左右。

來山去水。坐山朝向。乘氣收水。方位干支。與此一墳總是一

般模樣。而止一墳發福者。雖一般模樣。而在之陰陽各別。陰

。時有先後。坐山朝向。墳之形局雖同。所用之時各有先後

般模樣。而止一墳發福者。則五行之消長。氣運之盈虛。自有合與不合之辨。所

陽既別。則五行之消長。氣運之盈虛。自有合與不合之辨。所

謂合惜者。惟此一墳之體與用。消與長。處處用得合法故也。

玩此則知同是一地一穴。一山一向。有用之此時則吉。用之彼
時則凶者。亦有用之彼時小發。用之此時則大發者。凡有先葬
失時之地。至此而天心適悟。正可修營改作。變凶爲吉。
筠松先師救貧眞傳。余此一變。更無二法。學者得余口訣。有
如指掌而談。余已浪泄天機。幸望不盆余過。而本仁孝之心。
珍重寶藏。庶不負余三十五年苦心研究也歟。

增批補圖七十二葬法訂本

葬法之以　　　補天之　　使

人言之　　　晶布　皆七十

卜　試考郭景純葬書

法葬之法法

人　　吉

儒士也豈若俗所之設爲曲說耶

逃不不容荊軻□□□或生陸離潛比布衣

雜於諸家彙刊未克顯行於世者一由亥豕魯魚

不易辨別一由畫蛇添足之垢俗本未經剗除而

又有文無圖難以醒豁心眼受人□□以闊顏

館同人有鑒於此特以蘊真逸人秘傳□□曾以

明原形點染葬法誠知羔羊之皮不足以填白狐

圖醒法而評語又極分明布衣復生諒亦首肯而

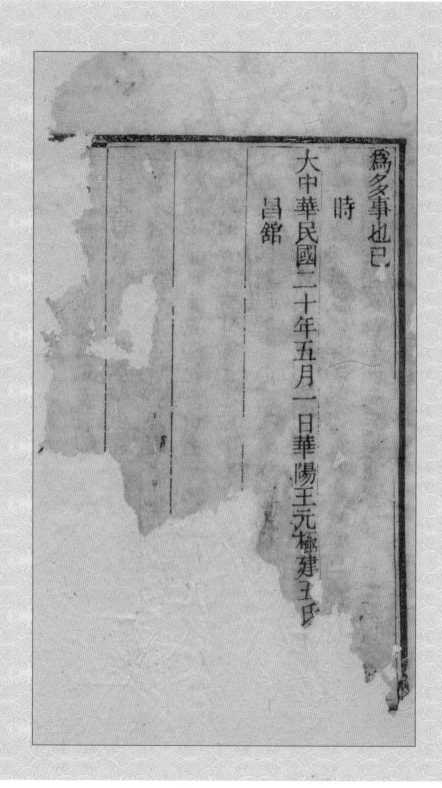

為多事也已

時

大中華民國二十年五月一日華陽王元極建于民昌舘

諸生死而用法者凡十一

頂葬法　　　沿葬法　　　坡葬法　　　比葬

佩葬法　　　橫葬法　　　析葬法　　　立葬

併葬法　　　寄葬法　　　奇葬法

第五章　納星辰之秀而用法者凡四

破葬法　　　速葬法　　　載葬法

第六章　納局之法凡五

培葬法　　　實葬法　　　架葬法　　　攢穸法

借葬法

第七章　避水之法凡三

增批補圖七十二葬法訂本

宋賴公布衣太素氏著

清蜀西蘊真逸人訂本　天昌館　王元極　增批

楊天佐

閂

葬乘生氣而氣因形察變化至不一矣豈得不
有常法亦皆糟粕若無神明之理以駁之鮮不
害而地為法害者蓋神明固不在糟粕舍糟粕
其神明法由人立人存則糟粕……
為糟粕作七十二……

按大葬法須審
穴場之寬泛堂
局之潤大者為
之否則仍屬小
葬

第一章　審諸穴場之體段而用法者尺

穴場生氣有大小淺深之不同而葬法因之其大

去什佰淺深有相去尋尺當相其體段消息使上。

而生人受蔭否則必乘死氣矣謂之與棄屍同。

大葬法

生氣潤大則靈氣之乘亦大良由星辰高大龍虎寬舒而

結此潤大生氣苟小葬之則星辰龍虎內堂之靈。

者大而穴小不足以收之則滿而溢於穴外必不能。

骨所謂大葬者大其羅圈冢堆也雖無定式而大略權。

十尋五尋之間。

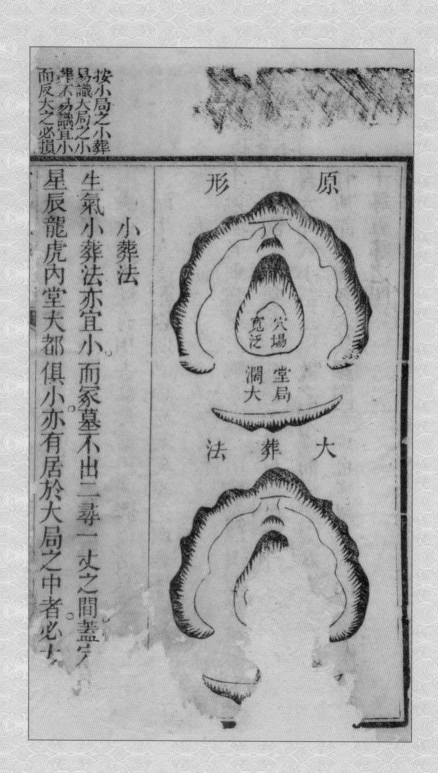

按小局之小葬，另識大局之小，雖不易識其小，而反大之必損

小葬法

生氣小葬法亦宜小。而冢墓不出二尋一丈之間蓋宇

星辰龍虎內堂大都俱小亦有居於大局之中者必大。

原形

穴場寬泛

堂局潤大

大葬法

天靈至謂小葬
得法發福極快
則是不究元運
而但以局小為
斷未足以為定
論也本集凡言
發福遲速之處
通犯此病後不
再辨

又有微茫小局在始融結此穴但有影無形而心粗率
不能察耳葬得其法發福極快苟失其法則滿棺蟻水
退絕丁矣。

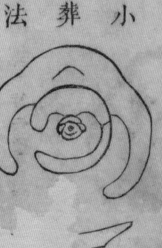

原　形

深葬法

星三代龍
虎入堂
供小

小　葬　法

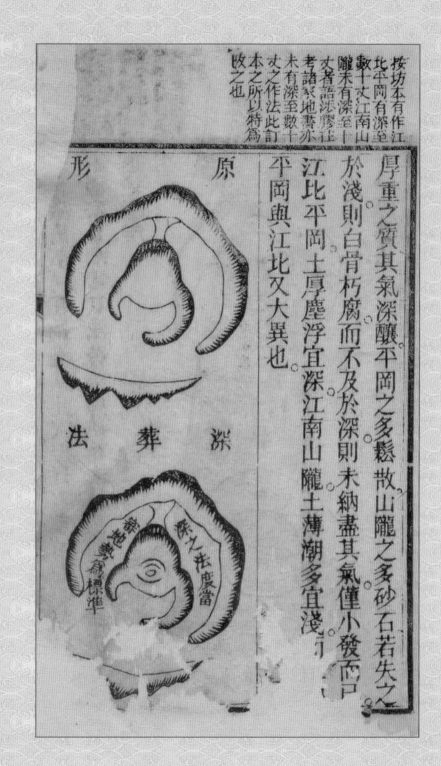

按坊本有作江
北平岡有深至
數十丈江南山
隴未有深至一
丈者語法修往
考諸家地書亦
未有深至數十
丈之作法此訂
本之所以特爲
改之也

厚重之質其氣深釀平岡之多鬆散山隴之多砂石若失之
於淺則白骨朽腐而不及於深則未納盡其氣僅小發而尸
江比平岡土厚塵浮宜深江南山隴土薄潮多宜淺
平岡與江北又大異也

原　形

深　葬　法

王元極增批補圖七十二葬法訂本

一三

按土薄處宜淺
葬此定法也俗
術有淺葬易來
生氣一說於土
厚處亦以淺窆
之則失之固矣

淺葬法

仰掌之脈氣輕清而靈光含於土皮鋤一二尺土色佳。

尺下便砂石矣若置棺於砂石之中則泥水浸而骨黑爛

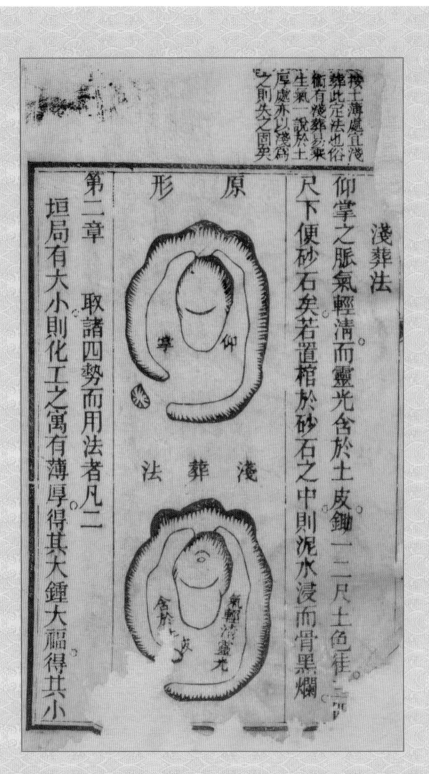

原形

仰

掌

淺葬法

氣輕清靈光

含於土皮

第二章　取諸四勢而用法者凡二

垣局有大小則化工之寓有薄厚得其大鍾大福得其小

按厚薄二葬法
只視垣局之寬
廣窄小為標準
可也平岡山谷
之辨勿拘

鍾小福,若氣不與棺相應造化何能相屬、

厚葬法

厚葬者冢墩土厚也垣局寬廣則氣亦寬廣,須厚土以納之

薄則靈氣游而不宿不宿則棺內烏得有氣江北平岡龍虎

動經數十里故多厚作冢墩以蓄聚天和也。

原形

廣寬局垣

厚葬法

厚土墩冢

薄葬法

垣局緊小，靈氣亦薄，須薄土以迎之。發越極快，但不耐久。若用厚土培墳，則氣僅凝於冢土而不及於棺中，氣不入棺，何異鼠穴存金。山谷難於招攝，易於蓄聚，故用薄葬以盡招攝之力。法與平岡相反。

原　形

小緊

薄　葬　法

薄土

按形氣妙合之
理此段議論已
完全道破須行
細玩索不得但
以概論第三章
陳之也

第三章　審諸生氣之質性而用法者凡十五

天地交而萬物生交者陽噓陰吸之機中和之境也陽一

噓而陽得承陰一吸而陰得施造化惟一中和中和之義

其則於形質者有其清其濁其厚其薄而剛柔強弱之病

形焉此兩儀之有象也若夫默運之靈目所不能視乎所

不能指而實先天地而常存後天地而固有者乃太極之

無形也然太極之無形卽在兩儀之有象處求之而交卽

見端於不交自可由不交中卽隱於不中自可

出不中以適其中得其交而陽噓陰吸之情當矣夫人之

葬也豈眞藏也云乎乃葬夫天地之交也葬夫天地

按坊本此章舂
吐唧閔虛斃六
法均於論文之
首冠有七言歌
括質與全書通
例不符訂本特
筆删除用歸一
者一誠為有見
本流傳已久似
此所删歌括未
必不出自後人
之妄漆蛇足也

之中也

吐葬法

後岡劍脊化出陽氣少許雖已成穴而氣尚未和湊之則骨
黑爛而速禍離之則氣脫而冷退絕丁氣不離棺要得氣
棺氣相值富貴始得故以吐法葬之其法有橫吐直吐斜吐
之不同直吐以太陽旺處分葬而截其上載之近太陰者砌
一空壙而下載稍鋤尺許結壙置棺與上空壙相連則陽氣
和而生氣接矣大抵太陰之脈必大舒陽氣煞氣方盡如其
不爾則置棺於土皮之上今見陽氣尚少而四勢又無容用
載故用吐也必形體潤大穴場覓廣土質深膩者始可以吐

按此圖直吐法
也至橫吐斜吐
二法雖吐勢不
同而虛墉宜作
在陰然尚登之
處下棺宜在陰
煞已息陽和方
來之處則一理
也

法葬之若一塊豬羊胖吐之必禍生旦夕。

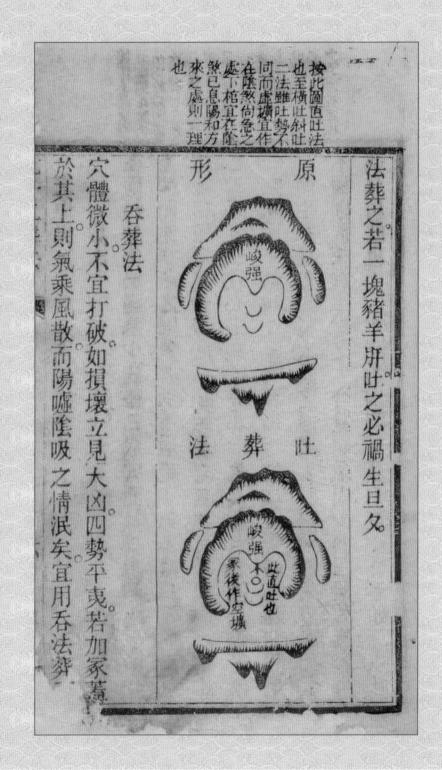

原形　吐葬法

峻强

吞葬法

穴體微小不宜打破如損壞立見大凶四勢平夷若加冢墓
於其上則氣乘風散而陽噓陰吸之情泯矣宜用吞法勢

按此以穴體微
小不宜打破四
勢平夷又恐露
風爲吞法本旨
余見有處高山
大窩而亦用吞
法葬之者殊屬
非法

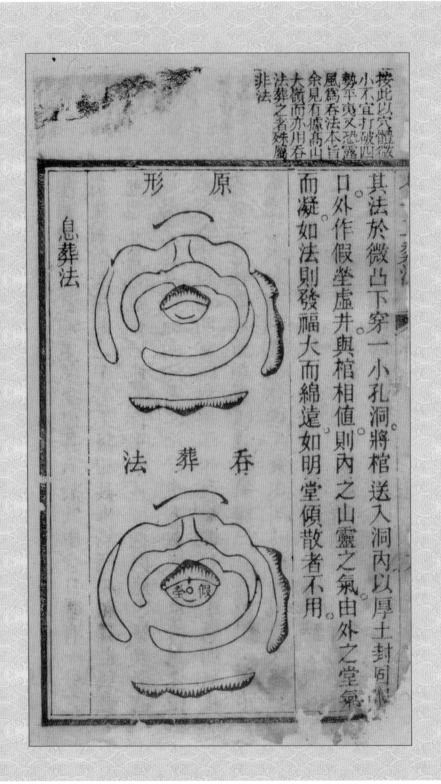

原形

息葬法

吞葬法

其法於微凸下穿一小孔洞將棺送入洞內以厚土封固
口外作假塋虛井與棺相值則內之山靈之氣由外之堂氣
而凝如法則發福大而綿遠如明堂傾散者不用

按空後餘土以
息粗峻之惡氣
亦必土厚燕石
始可施工志則
榮鑿已成廢物
又何息法之可
言乎

星辰雄大元武粗重煞氣直奔入於穴中合口雖有一分之
餘生氣的居極臣之中若不阻却其來烏能冲和其止息者
憩也止也休也經曰地氣行乎中其行也因地之勢其聚也
因勢之止又曰宛而中蓄然則葬也者葬夫止也今見主山
端嚴龍虎侍衛明堂朝對俱備惟有垂頭粗重峻急而無止
處故以息法葬之蓋粗重峻急之氣經一息則稍憩矣粗重
峻急之氣稍憩則煞氣休而生氣止矣其法於穴後大開平
基將粗重之體裁成天輪形樣以作近身蓋氣復鑿一深大
之井於蓋氣之下而立穴於空壙之前培削相其形勢大抵
息法與借法相同落坪之借不須息高山之息須用借法即亦

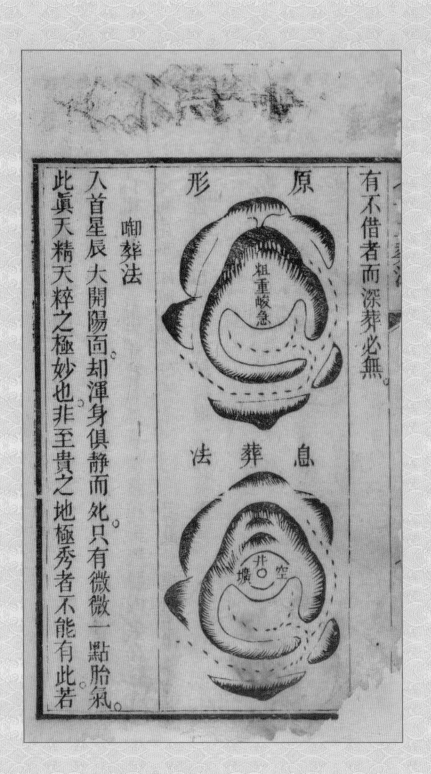

原形

唧葬法

入首星辰大開陽面却渾身俱靜而虺只有微微一點胎氣

此眞天精天粹之極妙也非至貴之地極秀者不能有此若

有不借者而深葬必無

息葬法

按此口鉗窄小
之穴有如花蕊
始破柳眼初開
者必以喝法作
之寸土寸金極
富貴惜為要

進就一點之中則靈氣敗而滿棺泥水稍去一點之外則靈
氣脫而冷退絕丁卽以喝法葬之喝與含不同含者含在口
內喝者喝在口弦半在口外其法將棺半入脈內半在脈外
不可用瓢砌壙卽灰葬亦不可過厚蓋此一點真靈之氣寸
土卽寸金也倘用大結砌與打破何異

原　形

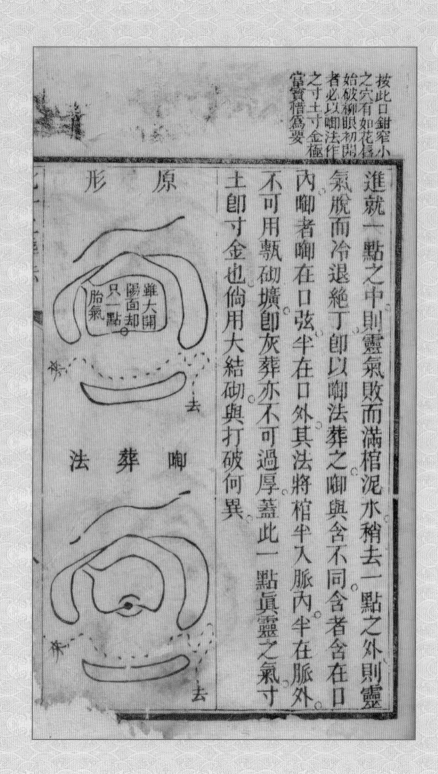

雖大開
陽面却
只一點
胎氣

去

喝　葬　法

去

按得明堂於近
身左右此閃結
之特證也至空
壙與寶壙並立
種植作法非脈
急而又露氣頂
繁若不可妄作

閃葬法

脈急而露氣頂煞犯其當頭垃屠戮之禍若龍真局備則近
身左右必有明堂十分端巧當就有堂二邊立穴然猶煞氣
未盡宜以閃法葬之其法挨寶處作一空壙不鋤寸土或更
培土而與無脈處結井放棺兩壙並立稍開一尺而合家為
一更於穴右做出水星天輪形則逼身之煞自出而龍局之
貴氣納矣此等穴格的主威權倘穴則閃而不以閃法葬之
雖貴而難免於刑大抵閃之脈與吐之脈相似吐直受而閃
傍竊故異名閃之機與吐之機不同吐以迎其吉閃以避其
凶故異法

形原

閃葬法

浮葬法

少陽之脈氣未深凝。乃天氣下降而成者也。然必借地氣之上升而後陽得陰吸而交通今以少陽之體而得厚重之則天氣降而地氣之升尚未和不和則天氣便不與地交矣

援坊本浮沈二法之首皆有似韻諸非韻語八句實與全書各法通例不符此依訂本刪除為

是一勺子原評
謂空底以接其
地氣之井實椄棺
於上以受其天
氣之降誠有至
理孚狗牽卦體
傍賀一卦通八
卦之誤則失之
鑿矣

原形

厚重

此外寬局大宏

去　來

浮葬法

眞壙之上
棺置士底
浮法

此外寬局大宏

去　來

陽孤絕往往有龍眞局備而結少陽厚重之穴本當弈世富
貴而僅小發而絕者蓋因此也欲得陰吸之情必引其上
之氣故以浮法葬之其法深鑿金井結空壙於底而置棺於
空壙之上則地升之氣直與天降之氣相接矣出人秀穎少
年騰達勳垂竹帛

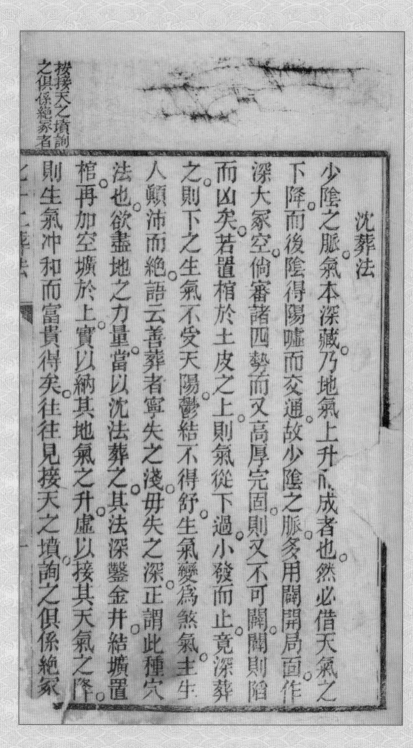

沈葬法

少陰之脈氣本深藏乃地氣上升所成者也然必借天氣之
下降而後陰得陽噓而交通故少陰之脈多用闢開局面作
深大冢空倘審諸四勢而又高厚完固則又不可闢闢則陷
而凶矣若置棺於土皮之上則氣從下過小發而止竟深葬
之則下之生氣不受天陽鬱結不得舒生氣變為煞氣主生
人顛沛而絕語云善葬者寧失之淺毋失之深正謂此種穴
法也欲盡地之力量當以沈法葬之其法深鑿金井結壙置
棺再加空壙於上實以納其地氣之升虛以接其天氣之降
則生氣冲和而富貴得矣往往見接天之墳詢之俱係絕家

接接天之墳詢
之俱係絕家者

多以孤露受風
失在形局不成
不得棺調葬法
不沈之符也

挨道之取義謂
急於獸滯者以
法疏通之非謂
氣之不到者亦

者葬之不得其法也。

原　形

通葬法

入穴生氣粗大則獸滯而不靈動雖龍虎元武與外之砂水
甚秀甚貴終出人粗蠢而不發富貴當以通法葬之大開羅

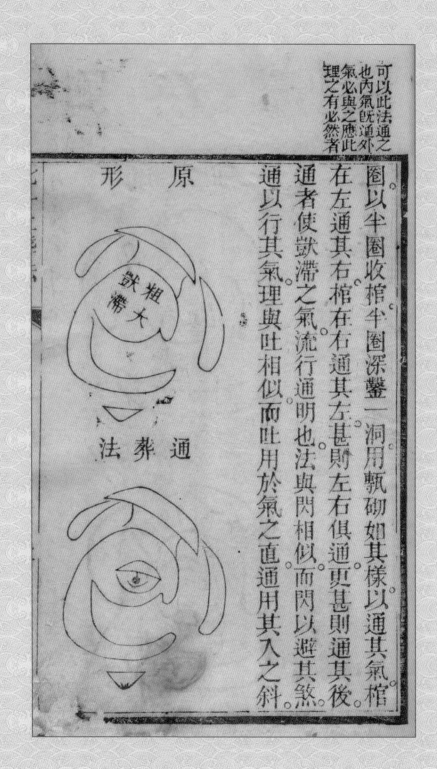

可以此法通之
也內氣旣通外
氣必與之應此
理之有必然者

圈以半圈收棺半圈深鑿一洞用甎砌如其樣以通其氣棺
在左通其右棺在右通其左甚則左右俱通更甚則通其後。
通者使默滯之氣流行通明也法與閃相似而閃以避其煞
通以行其氣理與吐相似而吐用於氣之直通用其入之斜。

原　形

粗大
默滯

通　葬　法

鋤葬法

有等大龍接行入首跌斷特起成極高星辰力上聚而不開口其後龍未滿恐地氣難由下而升上只有天氣下降而已淺葬地氣不得接深葬天氣不得納若闢其頂而葬之則造化以來所凝之靈氣盡去之矣甚為可惜且四山雖拱衛而稍遠闢則天氣一散不能頓聚初年必陷陰結之煞故當以鋤法葬之其法於山頭受穴處大開其井而納壙置棺於平鋪樹木之上壅土成墳山頂如舊其井之深度至嫩石而止將難朽之木橫直層鋪填平大井葬後日久木漸朽爛則家與棺漸陷漸鋤去之初年納天氣而地氣未嘗不升其後得

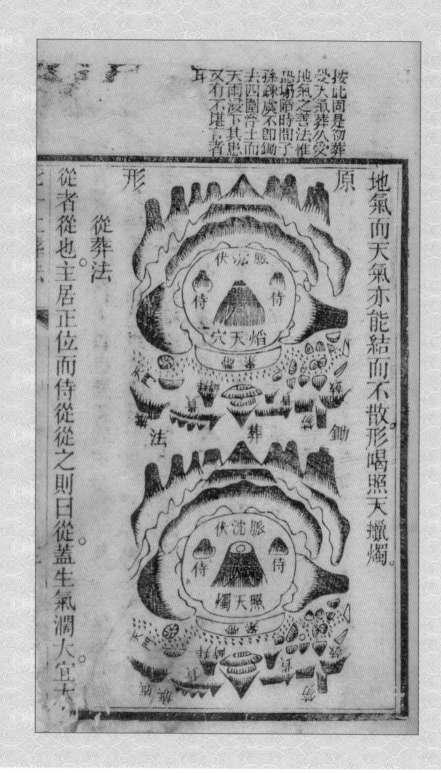

地氣而天氣亦能結而不散形喝照天蠟燭。

原

從葬法

形

從者從也。主居正位而侍從從之則曰從。蓋生氣潤大宜大，

王元極增批補圖七十二葬法訂本

三一

按此固是初葬受大氣久受地氣之善法。惟恐塌時間子孫疎虞不即鋤去四圍浮土而天氣浸下其患又有不堪者年

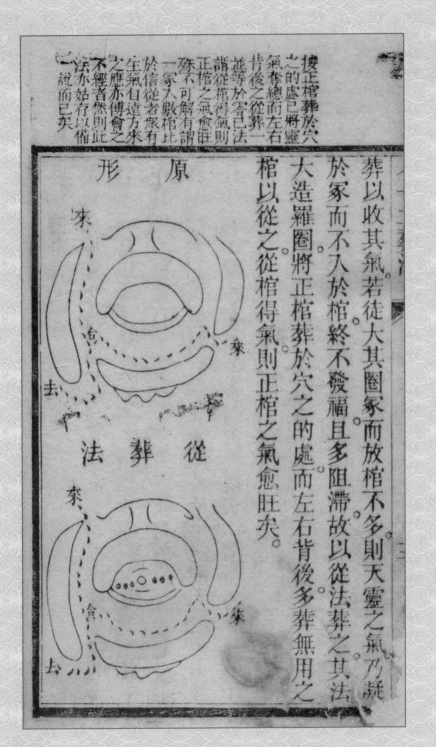

按正棺葬於穴
之的處已將靈
氣奪總而左右
背後之從葬一
並等於客比法
殊不可解而謂
一家敗棺則
正棺從得氣則
正棺之氣愈旺
大造羅圈將正棺葬於穴之的處而左右背後多葬無用之
於冢而不入於棺終不發福且多阻滯故以從法葬之其法
葬以收其氣若徒大其圈冢而放棺不多則天靈之氣乃凝
棺以從之從棺得氣則正棺之氣愈旺矣。

形原

從葬法

按隧葬古之貴
制也春秋時代
晉文公請隧江
為周襄王所不
能許泰漢以來
亦惟天子諸王
得用之雖有隧
法恐普通亦無
實現之能力也
且非此係土厚
之地不克庭
若在南埋坤
嫌子僭禮不無
可以隧葬者

隧葬法

龍氣深厚濶大淺則犯陽流之煞深葬而井小犯陰結之煞
皆主凶當以隧法葬之其法大開金井深數丈造一屋於下
中其兩石橙蓋石平而棺置於上理與通相似而通則淺小
隧則深大法與懸略同而懸則幽於地上隧則入於地中江
北平岡土厚水深氣沈脈大多用隧法江南則萬中之一耳

原　形

北條平岡
深厚濶大

隧葬　法

大開金井
深作隧道
棺置石橙

按騎龍多假局
而倒騎之真者
尤不易覓不得
形完氣足之塲
概以倒法試巧
未有不致人為
地害者也

倒葬法

倒騎龍湧泉受氣則穴居回脊形體固是平夷而質性尚屬
直硬無法以葬之一發便瘟火而絕法當脚後與兩旁棺底
俱砌一空壙以冲和其氣此穴當回脊之法也然稍有偏勝
有止虛一壙於貼脈處掛鈎之結不當以倒騎論

原形

倒葬法

穴後
黑點
處作
空壙

按龍脈飽旺雄實之地有前葬
數家歷見敗絕而後來人反有
一葬即發者亦以初葬洩然故
也然元運亦有後先須互相考
察爲要

洩葬法

龍脈飽旺雄實葬後多生瘟火須以洩法葬之其法先葬假
棺歷久抽出以洩其氣甚者再抽一次二次三次然後葬真
骨始無凶禍而求簡便法將牛骨入壙中初次牛骨黑如赤
漆二次如灰白色三次漸有紅潤色方可葬真骨

原　形

帶石雄強

峻急飽硬

洩　葬　法

懸葬法

來龍出身甚貴入首星辰挺拔濤秀龍虎曲抱有情外局

水交山會其爲眞氣之聚無疑及觀其穴所上則嵯峨陡峻

下則石尾鎗頭吐葬立傷人口大凶閃葬則明堂不納靈氣

不聚冷退絕丁當以懸法葬之其法將石尾鎗頭石塊盡行

打去以美土培作平基厚薄相其形勢而造壙石屋於平基

之上棺用銅鍊懸掛於中六合俱懸空而不着實外封土成

墳則陰煞僅侵石縫下脚而不及於棺天陽之氣得納而富

貴得矣蓋純陰之穴純是砂石每逢天雨則水從砂裏石縫

中溜出所謂煞也懸則水不侵棺而煞出矣故有龍眞穴的

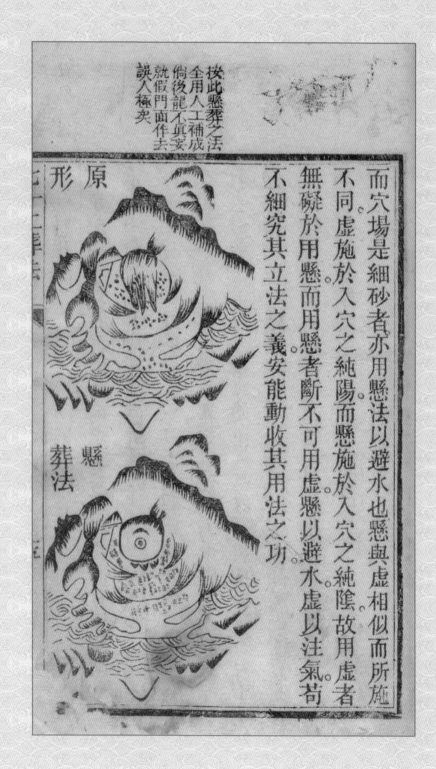

按此懸葬之法
全用人工補成
倘後龍不真妄
就假門面作去
誤人極矣

原形

懸葬法

而穴場是細砂者亦用懸法以避水也懸與虛相似而所施
不同。虛施於入穴之純陽而懸施於入穴之純陰。故用虛者
無礙於用懸而用懸者斷不可用虛懸以避水虛以注氣。苟
不細究其立法之義安能動收其用法之功。

虛葬法

有等峻極星辰鋪出一塊大坪。靈神瀰漫覺無樓止而界水
分明元辰交合却得龍眞局備此是以太陰體變太陽乃擎
天勳業之地其穴固在水交之上而葬之却受蟻水之害者。
以無配偶故也蓋太陽之結地氣絕無全是天氣之聚故名
氣穴影穴然一陰一陽之謂道天下豈有無婦而夫名者乎。
故必開一大井淺深相其形勢而結一大壙高丈許廣數丈
再作小壙於中以置棺而上下前後左右俱虛使地氣之上
升者得有所納則天氣自凝而交媾成矣。

按氣穴影穴須
碎有把握始可
下之否則徒見
陽平濶大難盡
力虛法亦終無
益而有損其

三八

原

形

硬陡

平坦

虛

葬法

硬陡

護

夾

於大壙之

中再作小

壙

使

上下前後

左右俱虛

第四章。

審諸穴場之生死。而用法者凡十一。

生氣之乘法多端而承棺之八尺最切蓋此八尺乃造化

之所凝而以骨乘之者也其乘也固無方體之可擬而要

按男骨勝於女
骨一語非也返
氣納骨鬼福及
人之理蓋祖
宗遺骨據傳山
川靈氣蔭及子
孫以今無線電
白瓷喻其理明
白易曉男女之
骨等其更男輕
女其理安在

不出星辰五行之性與體段之質以察其剛柔厚薄之情。

使八尺之棺居於生氣之處自然生人受蔭。

頂葬法

倒地木星鍬皮穴也木體渾身是硬便渾身是死若是真龍。

背面分明其開面一邊有木皮拖出形如魚腹樣正百死中

之一生也若單葬一棺上下猶自有餘正葬兩棺左右便見

不足故以頂法葬之其法就生氣鑿一長井兩棺一直而葬

頂者下棺之頭頂上棺之脚也須陽在下而陰在上陽作家

而陰藏形蓋天氣重於地氣男骨勝於女骨故也更有橫受

側皮或棺脚相攻棺頭相頂俱看生氣定之。

原形

頂葬法

一勺子原註云
生氣在一線之
中俱用頂葬法
固不僅一倒地
木為然也但倒
地木於直硬之
中得百死一生
之穴亦有不能
作頂葬者隨地
取裁因時制宜
可也
按生氣嫩小之
地乘之必難一
棺足矣必強下
兩棺以沿法作
之總嫌有礙而
合冢以受堂局
有至埋也立碑
不生關係

沿葬法

倒地木星形體固已嫩小而生氣仍如轉皮則穴在夾堅夾
軟之處氣聚無多正葬止一棺如置兩棺便有偏枯故以沿
法葬之沿者循其氣而依之也其法將棺鍼變更參差以接
生氣外則合冢立碑以受堂局出入清秀聰明少年發達苟

失其法難免瘋疲癇疾孤寡僧道之患

原形　　　　沿葬法

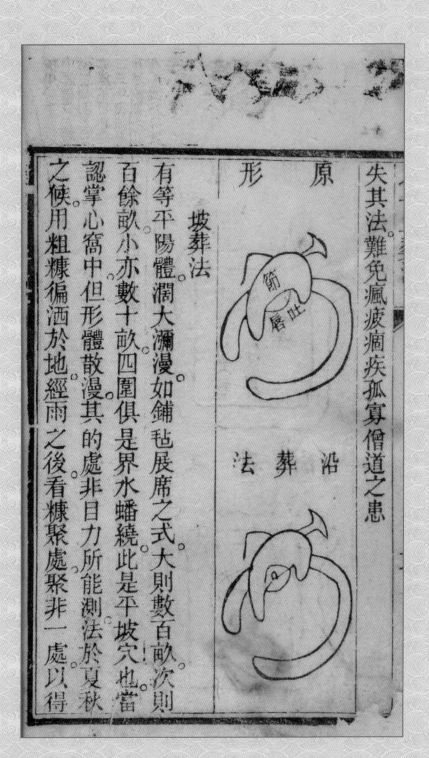

坡葬法

有等平陽體潤大瀾漫如鋪毡展席之式大則數百畝次則
百餘畝小亦數十畝四圍俱是界水蟠繞此是平坡穴也當
認掌心窩中但形體散漫其的處非目力所能測法於夏秋
之候用粗糠徧洒於地經雨之後看糠聚處聚非一處以得

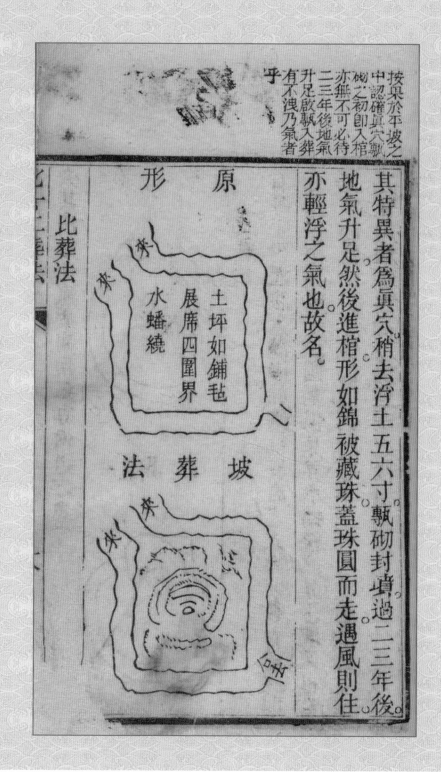

按吳於平坡之
中認確真穴氈
碗之初即入棺
亦無不可必待
二三年後地氣
升足啟氈入葬
有不洩乃氣者
乎

其特異者為真穴稍去浮土五六寸氈砌封墳過二三年後
地氣升足然後進棺形如錦被藏珠蓋珠圓而走遇風則住
亦輕浮之氣也故名。

原　形

比葬法

土坪如鋪毡
展席四圍界
水蟠繞

坡　葬　法

按氣之偏者主
發偏生之子此
說必驗亦有驗
於分房者此造
化之定理也外
驗形局亦然

有等窩穴堂氣中正而生氣止得一邊正葬則犯冷而偏葬
又堂局不合棺內又無生氣故以比法葬之比偏黨也法將
滿向作圈而置棺於有生氣處其死氣處砌一空壙較真壙
深尺許外則合家以接堂氣發福極快但富貴人俱主偏生

原　形

氣葬法

比　葬　法

入穴處必邊厚邊薄然後有生死動靜之分而棄死接生之

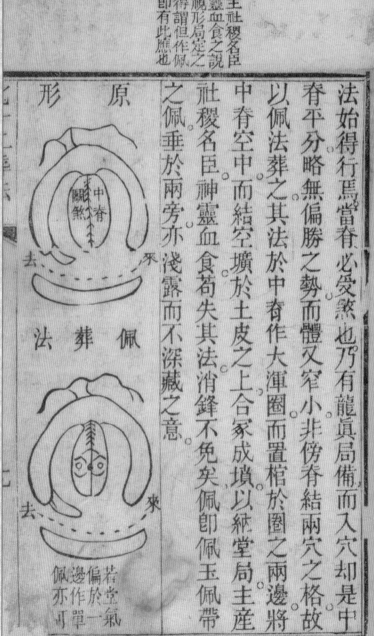

法始得行焉當脊必受煞也乃有龍眞局備而入穴却是中
脊平分略無偏勝之勢而體又窄小非傍脊結兩穴之格故
以佩法葬之其法於中脊作大渾圈而置棺於圈之兩邊將
中脊空中而結空壙於土皮之上合家成壙以紝堂局主產
社稷名臣神靈血食苟失其法消鋒不免矣佩即佩玉佩帶
之佩垂於兩旁亦淺露而不深藏之意。

按王社稷名臣
神靈血食之說
當視形局定之
不得謂但作佩
法即有此應也

原形

中脊闞煞

去　來

佩葬法

去　來

若偏於堂氣
佩邊亦作單一可

按橫斜二法亦
必局正乃眞若
無天然對將而
任意以爲橫斜
與棄屍何異自
來地法失傳橫
殯斜埋觸處皆
是愼勿傅會以
覷壹道

橫者以腰受氣之穴也橫龍貼脊故橫放其棺橫騎龍當脊
亦然眠體斬旺氣潤亦然

橫葬法　附斜葬法

原　形

橫琴

將唇

培砂取微凹

橫　葬　法

又曰穴場窄小直葬則上下難容生氣稍斜故放棺亦斜

若直其壙或橫放其棺不用斜法非首受煞然則足就冷矣

按窩穴之中槽
為死者以兩邊
界水從中走故
也以析法洩煞
至理幽玄生氣
必驗乃一勺子

稍濶又可以橫法為之。

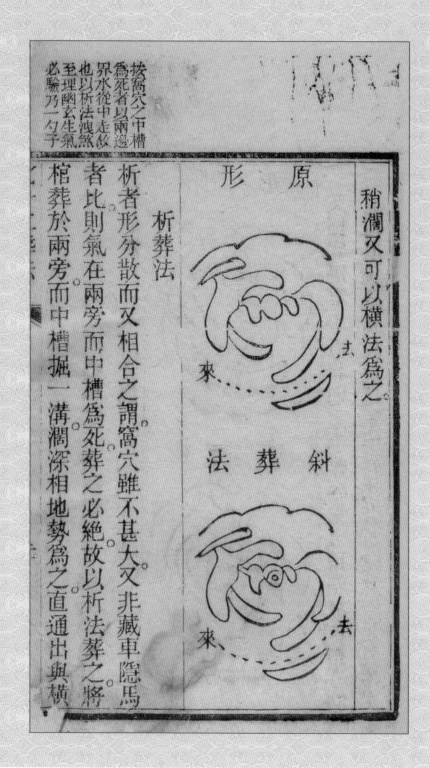

原形

斜葬法

析葬法

析者形分散而又相合之謂窩穴雖不甚大又非藏車隱馬
者比則氣在兩旁而中槽為死葬之必絕故以析法葬之將
棺葬於兩旁而中槽掘一溝濶深相地勢為之直通出與橫

原評謂窩中有
泉窟滲流者亦
用析法窩中至
行泉窟決非地
矣而法又何爲

池相接而以粗砂和灰填實後用石板蓋而結空壙於上使
陰煞從溝中滲出則生氣旺矣中空者借天陽之光以漬陰
暗之煞也。

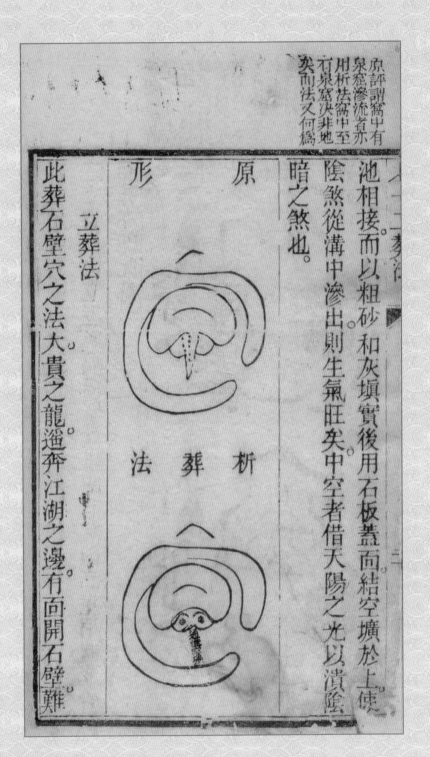

原　形

立葬法

析　葬　法

此葬石壁穴之法大貴之龍遙奔江湖之邊有面開石壁難央

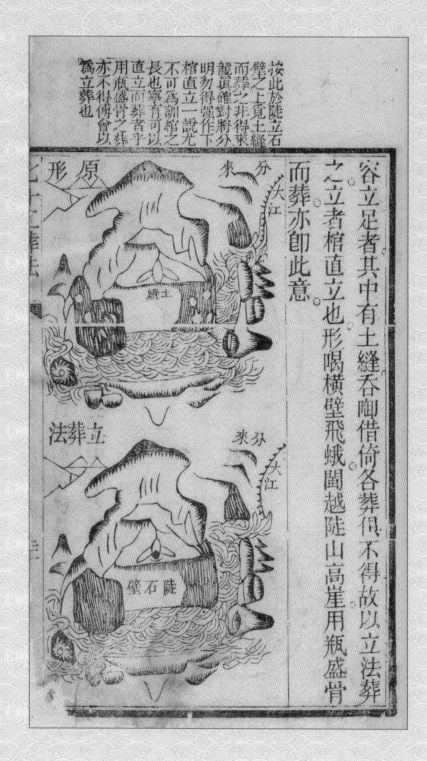

容立足者其中有土縫吞陷借倚各葬俱不得故以立法葬

之立者棺直立也形喝橫壁飛蛾閩越陸山高崖用瓶盛骨

而葬亦即此意。

按此於陸立石
壁之上覓土縫
而葬之非得來
龍真確對將外
明勿得強作下
棺直立一說尤
不可為訓棺之
長也寧有可以
直立而葬者于
用立瓶盛骨之絆
亦不得傳會以
為立葬也

原形

縫土

分來　大江

立葬法

陸石壁

分來　大江

王元極增批補圖七十二葬法訂本

四九

按此法於萬無
穴情之地挖去
亂堆開出小明
堂使參形雜勢
之煞一掃而空
純是人力相天
倘龍氣不足用
之必無益也

併葬法

抛地直珠固衆大葬特小衆小葬特大或三台葬曰或兩穴

葬頸然有等怪穴大小不可據口額無足憑當用併法葬之

其法將中堂交處立標上山認定靈氣以立穴將穴前亂堆

挖去更開出一小明堂與前之中堂相應穴後將客土堆一

大頂兩脚抱穴如天輪影樣則參形雜勢之煞出而金水之

清不消矣但遇此等怪穴須細心揣摸萬無穴情方用此法

不然佳地損於彫琢豈非造化罪人

原形

併葬法

寄葬法

寄者托也即寄物寄居之寄大幹融結件件貴徵而穴場却是一石洞寒冬入洞煖如火煖法當置棺洞內而以吉土封洞門內不作壙外不作冢如寄跡然故曰寄葬

按大幹山中有
天然石洞據地
實學考之是由
石灰岩被地下
水之浸蝕融化
而成者否則出
自人鑿雖有貴
徵可以證穴之
地亦當審慎

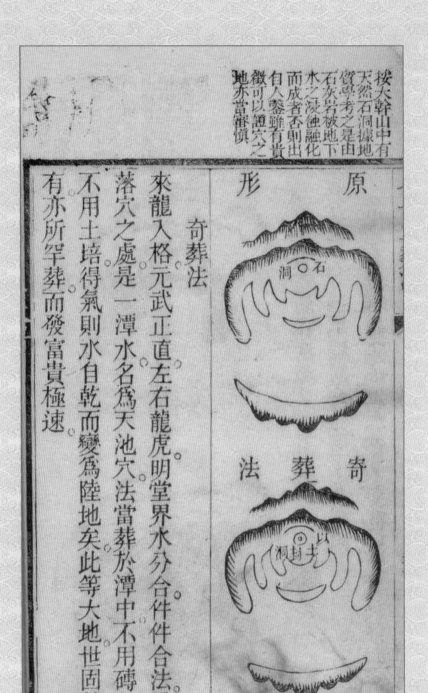

原形

石洞

寄葬法

以封土洞

奇葬法

來龍入格元武正直左右龍虎。明堂界水分合件件合法。乃
落穴之處是一潭水名為天池穴法當葬於潭中不用磚砌。
不用土培得氣則水自乾而變為陸地矣此等大地世固稀
有亦所罕葬而發富貴極速。

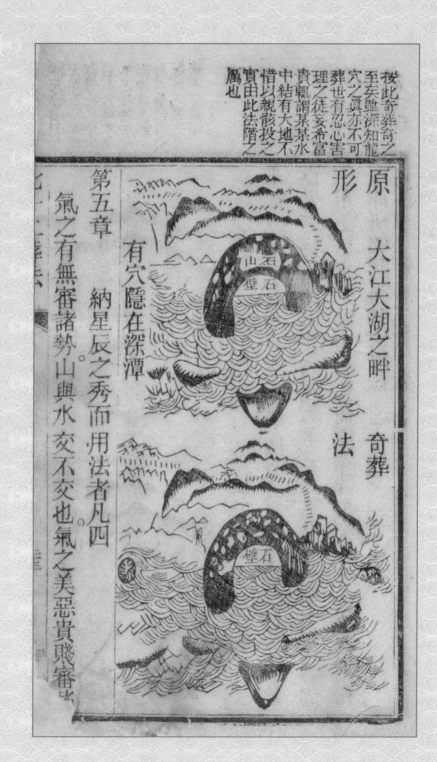

按此奇葬之
至妄雖深知能
穴之真亦不可
葬世有忍心害
理之徒妄希富
貴輒謂某某水
中結有大地不
惜以親骸投之
實由此法階之
厲也

原　形

大江大湖之畔　奇葬　法

第五章　納星辰之秀而用法者凡四

有穴隱在深潭

氣之有無審諸勢山與水交不交也氣之美惡貴賤審

王元極增批補圖七十二葬法訂本

形形貌之靈秀與粗濁也。然靈秀與粗濁固有本之先。

而後天無可挽者亦有先天藏其體必假後天以仲其用

者荊山之璞不有下和今亦頑石如故耳

破葬法

頭面星辰微有肩翅而不大開口或是蠻石皮則難於下手

然審之四勢穴確在中故以破法葬之其法於受穴處用工

打開裁成大窩而葬其弦收山者必有佳土方真收局者不

計其土色蓋此星辰含蓄靈秀於中為重濁之質所蔽如玉

藏石中必破石而玉始見此非至貴之龍不能融聚倘鑿鑿

無用之處則受禍最慘。

一勺子原評云
鋸角用字有一
解一是因應不
翁必不可用一

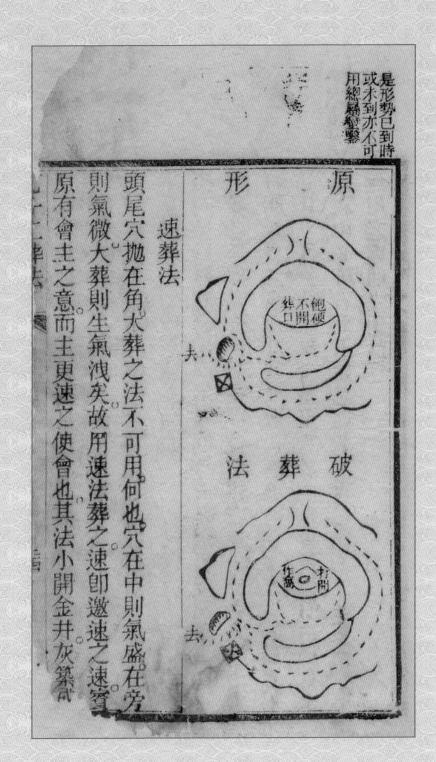

原　形

破　葬　法

速葬法

頭尾穴抛在角大葬之法不可用何也穴在中則氣盛在旁則氣微大葬則生氣洩矣故用速法葬之速即邀速之速寶原有會走之意而主更速之使會也其法小開金井灰築式

拼有穴氣微過
用人工恐見傷
殘作鬥放水之
忌終不可犯但
初年尚非定
論

墳不用磚砌初年不宜放水及至得氣之後始可放水亦須
淺溝小圈為是法與攢相似而攢用於穴之陽速用於穴之
陰攢以避風速以納氣故法同而名異也初年不放水以體
不可傷也增土作圈便非速法。

原　形

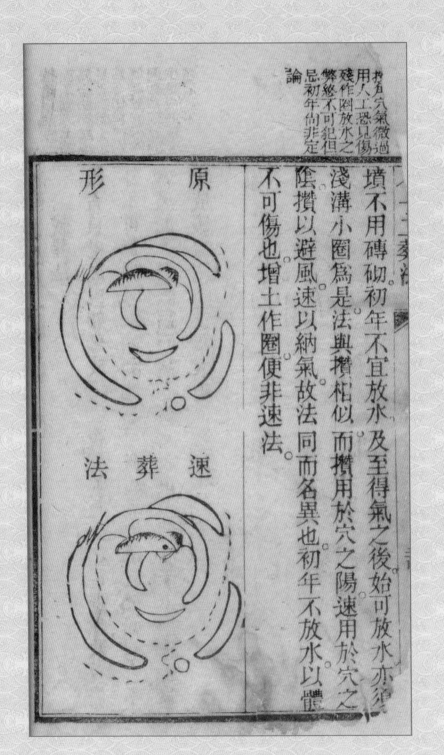

速　葬　法

按此以氣浮土
直不動寸土始
爲合法冰足以
見必掘寸土之
爲妄傳矣但穴
既浮葬非得四
圍砂水環顧則
生氣散於飄風
必不可下

載葬法

載者負也寓也。如舟載物之義有等葩艷之質靈光散露於

外不可鋤掘寸土如倒地木星微起節泡而穴於節泡之下

者又如天財微窩而窩心藏穴者俱不動寸土不用磚砌封

土成壙得法則發福大而且久。

原　形

載　葬　法

按龍虎內堂俱
濶大寬厚而穴
基反見窄小者
是不足以配四
應有賓強主弱
之嫌肥葬作法
須視四應爲標
準若無力救正
舍之可也

肥葬法

元武龍虎內堂俱濶大寬厚。而穴基窄小落頭細瘦。無法以
葬之則小發而絕。當以肥法作之肥者厚重其落頭廣增其
穴基也。

原　形

去　　　　來

肥　葬　法

去　　　　來

按俗術以頂脈
硬下認為得氣
多數絕滅尚不
自覺其非但不
得元空又壻之
旨亦未有政則
下而不頂脈者
也至深葬煖如
火燠之理富以
地心熱力為正
解使日月五
星之照臨猶不
足以盡地質之
本量也

第六章　葬局之法凡五

宇宙一太極天者大圈也統體一太極也地之一物各具
一太極與天之統體一太極交則有氣人之葬也葬於天
地之交中則一氣合之矣深葬小鑒煖如火燠豈真地氣
有來路乎蓋亦由日月五星之照臨而聚之耳往見以頂
脈為得氣者盡為絕家可笑

培葬法

平洋培葬陽來陰受之義也使之隆然而起愈高愈妙誠以
掘寸則寸水掘尺則尺水勢不得不培乃有山龍之穴來龍
入格砂水會合元武龍虎俱特異可愛只入穴之處渾是

按俗術輒言穴
之真者必有窩
土可掬試以此
培土法質之自
當語塞至謂其
水仍在庄下流
去其氣在土上
透入二語件法
驚人恐井真仙
不敢以此弄險
又架葬平葬漏
葬各法水然

平審中氣起在何處。將竹竿立定。看水漲水落有多少高低。
便於氣起之處立穴。與落水相平心上蓋石板於上培土較
水漲更高數尺作壙安棺壘土成墳其水仍在庄下流去其
氣在庄上透入俗呼明珠出海。

原　形

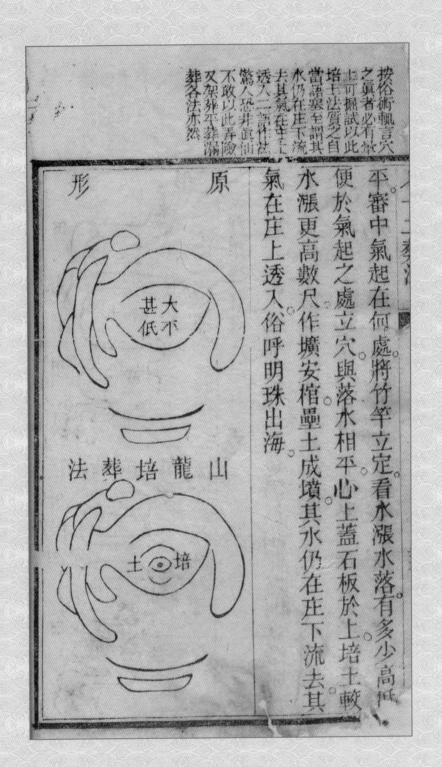

大不甚低

山龍培葬法

培土

按此以實法救
空窩實則氣聚
而不空奕理顯
平正亦易施工
但來龍不真穴
局不固窩淺亦
無益耳

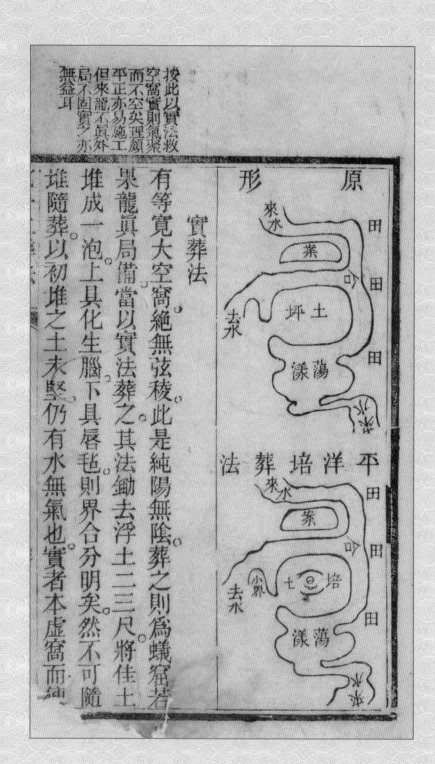

原形

來水
田
萊
田
口
坪土
去水
漾蕩

平洋培葬法

來水
田
萊
田
口
小界
七　培
去水
漾蕩

實葬法

有等寬大空窩絕無弦稜此是純陽無陰葬之則為蟻窩若
果龍真局備當以實法葬之其法鋤去浮土二三尺將佳土
堆成一泡上其化生腦下具唇毡則界合分明矣然不可隨
堆隨葬以初堆之土未堅仍有水無氣也實者本虛窩而純

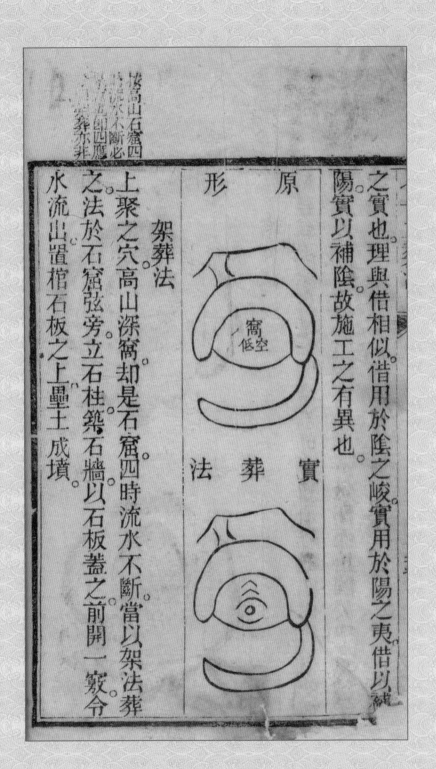

之實也理與借相似惜用於陰之峻實用於陽之夷借以減

陽實以補陰故施工之有異也。

原形

窩空
低

實葬法

架葬法

上聚之穴高山深窩却是石窟四時流水不斷當以架法葬

之法於石窟弦旁立石柱築石牆以石板蓋之前開一竅令

水流出置棺石板之上壘土成墳。

窩高山石窟四時流水不斷必葬四應葬亦非

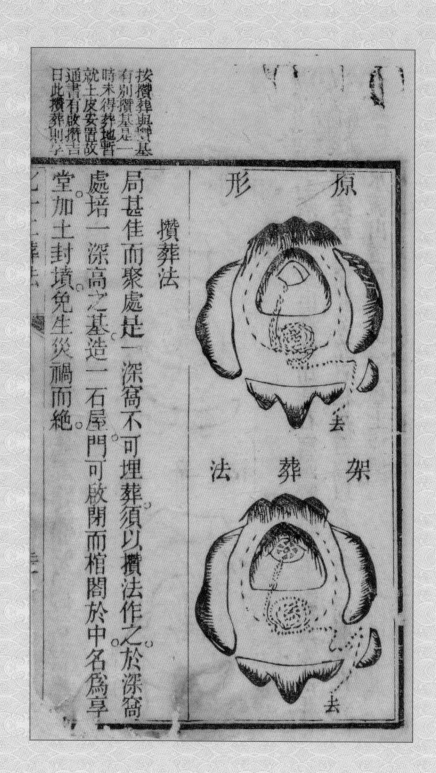

原形

攢葬法

局甚佳而聚處是一深窩不可埋葬須以攢法作之於深窩處培一深高之基造一石屋門可啟閉而棺閣於中名為享堂加土封墳免生災禍而絕。

架葬法

按攢葬與攢基有別攢基是一時未得葬地暫就土皮安置故通書有啟攢曰此攢葬則字

堂封土有水世
不遷之意矣今
俗於七淺之地
概以攢基作之
亦與此攢葬有
別讀孟氏攢基
辨可知

按攢之為道無
而丑借也借
穴星以收堂局
不過借之一分
子舁余謂借天
光以神地遷借
地力以顯天功
惟作此竟始足

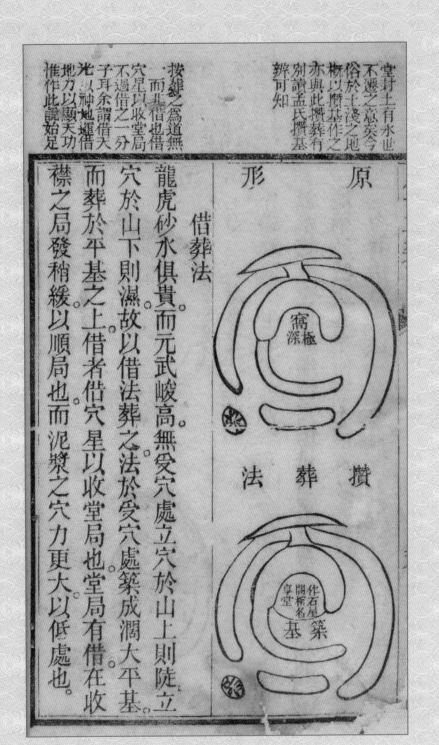

原　形

攢　葬　法

極
深窩

築　基
仕石星
開榨名
享堂

借葬法

龍虎砂水俱貴。而元武峻高。無受穴處立穴於山上則陸立
穴於山下則濕。故以借法葬之法於受穴處築成澗大平基。
而葬於平基之上借者借穴星以收堂局也。堂局有借在收
襟之局發稍緩以順局也。而泥漿之穴穴力更大以低處也。

以靈借字之妙

按避水是葬事
第一要者幾
皆因固不僅此
三法也嘗見有
地之葬人工疎
處久雨而水從
外滲入者積深
致有翻棺之變
而無地之葬人
工完善者年久
敗遷雖無生氣
亦却沒有水濕
亡為害也

原

形

來

峻急

去

借 葬 法

來

基大作
平 闊

去

第七章　避水之法凡三

葬必求穴中生氣而氣與水不同途。有水則無氣有氣則
無水。故有龍真局備而穴場是水窟者苟不避其水氣何
能納若能避其水何患不納氣。

合葬法

按葬半月形須取近上弦日作之而近下弦日未必卽不可取前人不取下弦者惡其漸消故也余謂能據地平經緯取到半月真光下臨下弦亦與上弦等其不明實測雖近上弦亦等於零矣

有穴場住水中。每月水中有氣冲透月宮然水面一望無際又水深難葬故以合法葬之其法將土築起半月形於每月近上弦日擇吉葬之將天上半月合照水中培起半月共成一局發大富貴而悠久。

原形

平葬法

有氣

合葬法

諸水聚此

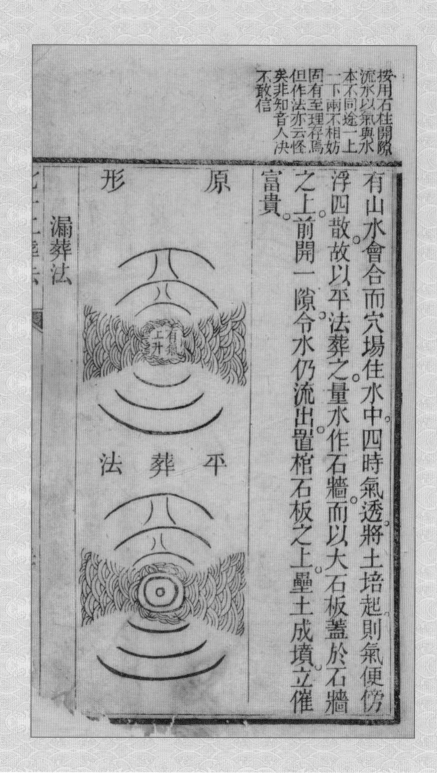

按用石柱開隙
流水以氣與水
本不同途一上
一下兩途不相妨
固有至理程烏
但作法亦云怪
矣非知音人決
不敢信

有山水會合而穴場住水中四時氣透將土培起則氣便傴
浮四散故以平法葬之量水作石牆而以大石板蓋於石牆
之上前開一隙令水仍流出置棺石板之上壘土成墳立催
富貴。

原　形

漏葬法

有氣上升

平　葬　法

按一勺子原評
云此水號人中
水要作曲折而
出不可使之直
流直流則氣分
而兩氣不合又
各分屍水極凶

地有兩脈相合而穴居中者形如玉箸筯饅頭固以形狀名
亦以力之所到在此兩處也然造墳於中後回水無出處必
不適宜當以漏法葬之於受穴處造一溝在下上以石板蓋
之然後填基砌壙而成墳水從溝洩隱於潢池則二龍之氣
自凝如規模宏大者用石板砌成橋高大可容人出入非欲
其水之去速而然也亦以消其陰濕之煞耳三龍五龍合氣
穴並依此法然高原叢岡每有俗呼仰天窩處水從暗洩並
無出口可尋又為龍法之所大忌者若誤認爲合氣龍葬之
必召禍生災所謂真合氣龍亦罕見之局也

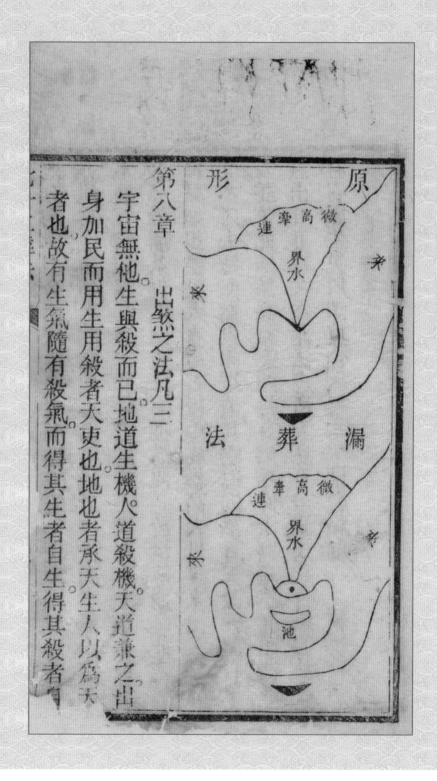

原　形

微高　　　漏
界水　韋
　　連

葬

　　來

　　來

法

微高　　　
界水　韋
　　連

　　來

池

第八章　出煞之法凡三

宇宙無他生與殺而已地道生機人道殺機天道兼之出
身加民而用生用殺者天吏也地也者承天生人以爲天
者也故有生氣隨有殺氣而得其生者自生得其殺者

談相地之術自
人操之固有神
鬼不得珍秘者
然得之不得仍
有造化在焉非
盡人事之可强
爲也

按穴場結於頑
石有鑿之並無
寸土者而鑿去
其石以客土培
之亦屬吉地可
見鑿石得土之
說有時亦不爲
確而土幕土色
種種拘泥尤爲
門外漢之貪談
矣

殺而出乎殺之上。自能役殺入乎殺之中。自然受殺今觀
六合之內莫非搏擊兼併乃知生之殺之亦宇宙自然之
氣也若曰神珍鬼秘以待有福造化亦何心哉。

露葬法

有等大地穴場是片蠻石頑立深鑿並無寸土法當於受穴
處將頑石盡行鑿去以化其煞天雨則水從石縫中流出所
謂煞也待天陽照臨數年後陰煞消而水自止然後將吉土
培之再數年土堅實始葬之此等地多是收水之結而收山
之結間有之今人動曰鑿石得土而葬不知地真何必問土
若無地之處而鑿石得土亦可葬耶

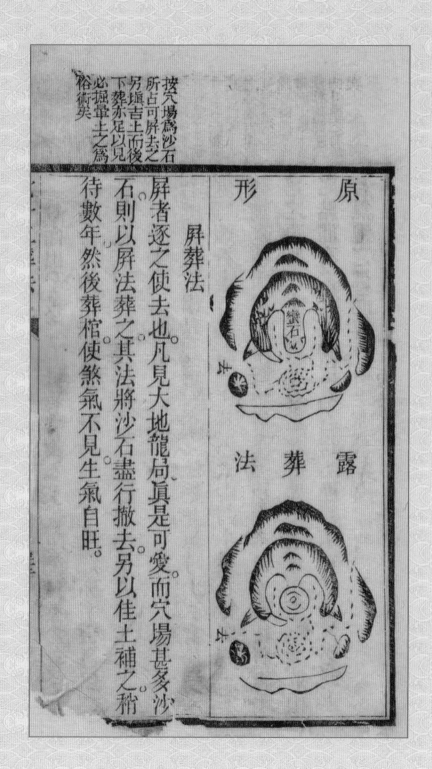

按穴場爲沙石
所占可屏去之
另填吉土而後
下葬亦足以見
必掘運土之爲
裕術矣

原　形

屏葬法

露　葬　法

屏者逐之使去也。凡見大地龍局眞是可愛而穴場甚多沙
石則以屏法葬之其法將沙石盡行撤去另以佳土補之稍
待數年然後葬棺使煞氣不見生氣自旺。

按以衣法搶蔽
凶煞形象使穴
上不見自有轉
禍為福之功惟
有地權不腐於
亡著不能界
施工之令人抱
歎也

原形

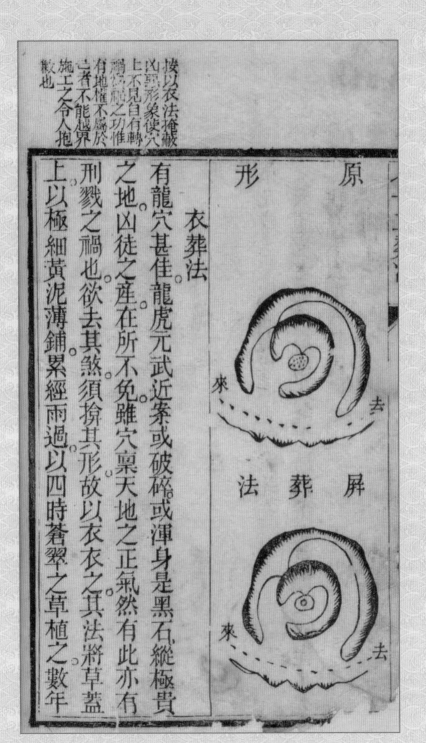

屏葬法

衣葬法

有龍穴甚佳龍虎元武近案或破碎或渾身是黑石縱極貴

之地凶徒之產在所不免雖穴稟天地之正氣然有此亦有

刑戮之禍也欲去其煞須揀其形故以衣之其法將草蓋

上以極細黃泥薄鋪累經雨過以四時蒼翠之草植之數年

後鬱然可愛青石紫石不必衣。

原　形

第九章　取諸龍虎而立法者凡九

夫龍虎者上所以衞生氣下所以聚明堂即太極圈也欠

缺之下天工人其代之。

閻葬法

衣　葬　法

按九地俱天門
宜關地戶宜關
始合陽噓陰吸
之言反此可以
人力改之者即
以人力改之亦
屬可用俗術固
執德強虎翼之
說不問去水來
水概以白虎不
可高起爲定穴
目的誤人極矣

下砂不足而用人工補出謂之區區之義即陰吸之情也非

下手寬而僅築埂閉塞之也

原

形

關葬法

上砂有餘而用人工掘去謂之關關之義即陽噓之情也非

嫌其砂之順水而去之也

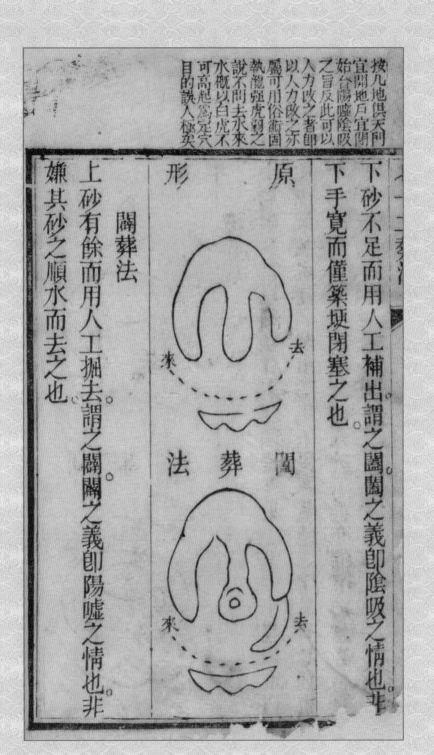

來　去

法　葬　闢

來　去

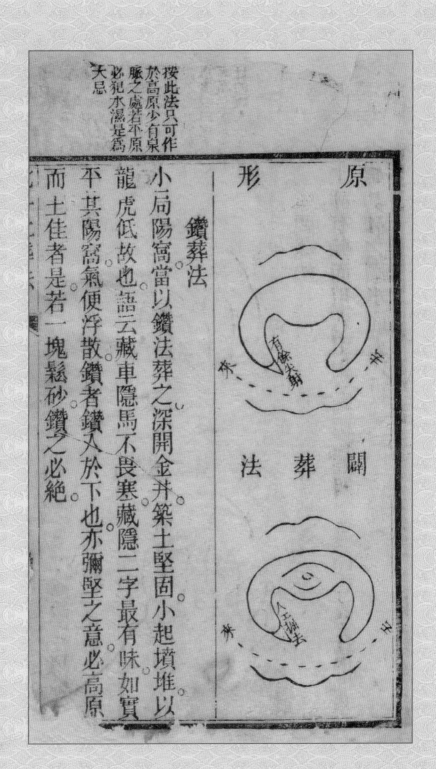

按此法只可作
於高原少有泉
脈之處若不原
必犯水濕足為
夭忌

原　形

闊　葬　法

鑽葬法

小局陽窩當以鑽法葬之深開金井築土堅固小起墳堆以

龍虎低故也語云藏車隱馬不畏寒藏隱二字最有味如寶

平其陽窩氣便浮散鑽者鑽入於下也亦彌堅之意必高原

而土佳者是若一塊鬆砂鑽之必絕

按凡龍虎空遠
之地穴場左右
如無輔弼均當
以此法補救之
於原葬無碍而
人力亦易成功
洵善法也。

原　形

鑽　葬　法

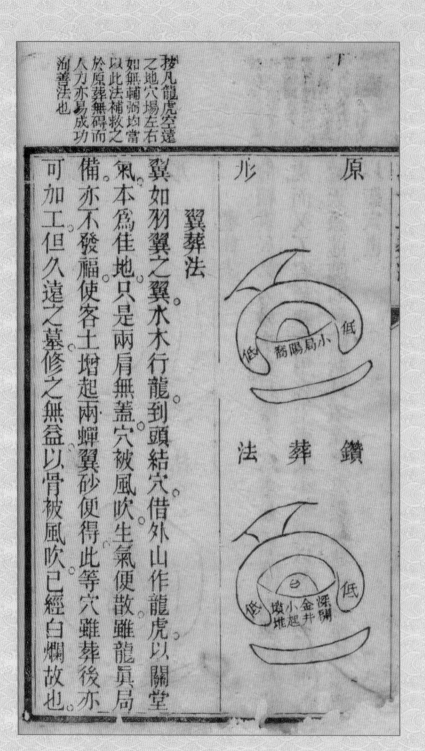

翼葬法

翼如羽翼之翼水木行龍到頭結穴借外山作龍虎以關堂
氣本為佳地只是兩肩無蓋穴被風吹生氣便散雖龍真局
備亦不發福使客土增起兩蟬翼砂便得此等穴雖葬後亦
可加工但久遠之墓修之無益以骨被風吹已經白爛故也。

按此以客土壅
作小龍虎與前
壅法同意不過
翼如鑾影而小
龍虎之必取若
半角輕重大小
之間略有斷酌
不同者耳

原　形

雍葬法

翼　葬　法

龍格貴局勢秀砂水交只嫌入穴處是一片平石無近身龍
虎。而又不容於裁窩用客土壅成小龍虎以護穴形。喝飛龍
嘯天蓋龍嘯則氣噴狀其不深藏也。雲從龍狀其壅成龍虎
以衞穴也。

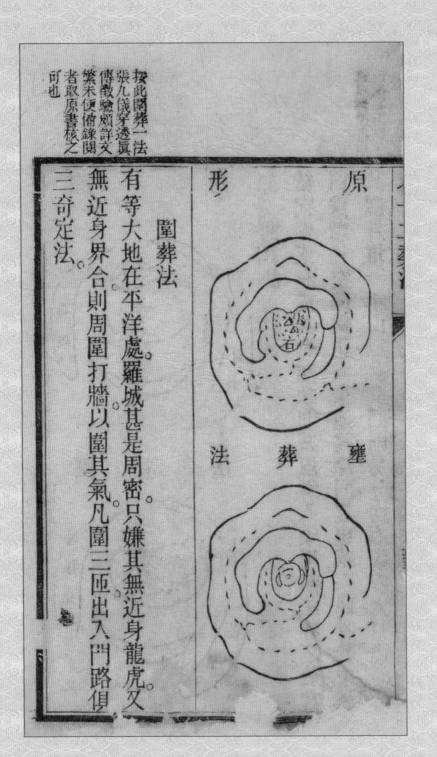

形　　　　原

法　葬　壅

圍葬法

有等大地在平洋處。羅城甚是周密只嫌其無近身龍虎又
無近身界合則周圍打牆以圍其氣凡圍三匝出入門路俱在
三奇定法。

按此圍葬一法
張九儀穿透真
傳教驗煩詳文
繁未便儵錄閱
者取原書核之
可也

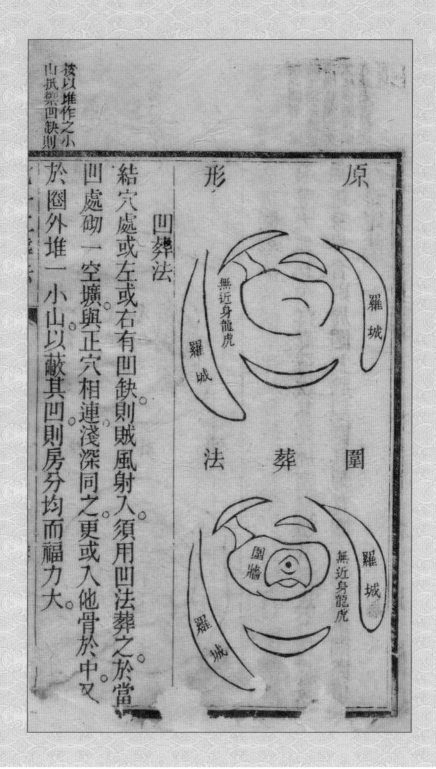

原　形

圍　葬　法

羅城

羅城

無近身龍虎

羅城

羅城

圍牆

無近身龍虎

回葬法

結穴處或左或右有凹缺則賊風射入須用凹法葬之於當
凹處砌一空壙與正穴相連淺深同之更或入他骨於中又
於圈外堆一小山以蔽其凹則房分均而福力大。

按以堆作之小
山抵禦凹缺則

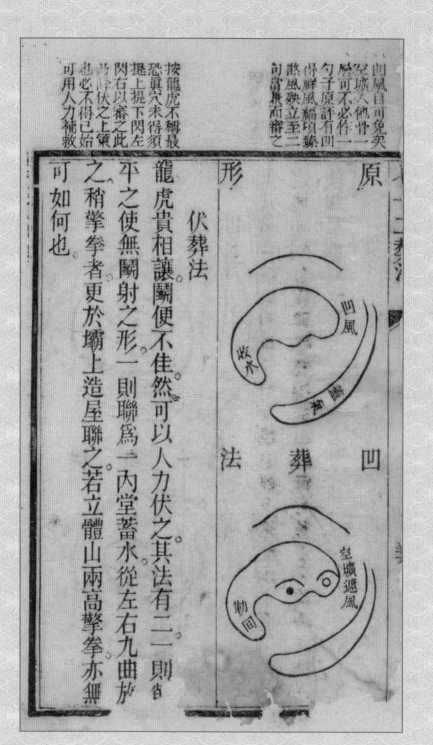

原形

葬法

凹

伏葬法

龍虎貴相讓鬪便不佳然可以人力伏之其法有二一則省
平之使無鬪射之形一則聯為一內堂蓄水從左右九曲於
之稍擎舉者更於壩上造屋聯之若立體山兩高擎舉亦無
可如何也。

按龍虎不梅最
恐真穴求得須
提上捉下閃左
閃右以審之此
為作伏之上策
患必不得已始
可用人力補救

凹風自可免矣
凡壙人他骨
殘可不必作一
勺子原許有凹
得群風輻湊
然風歘立至二
句當無而審之

後道砂之當化
出者必道而無
情且生殊妙始
可施工若道錯
穴外砂曲抱生
自天然之局可
以不必曲其內
砂反失道物本

原　形

伏　葬　法

曲葬法

龍虎要曲曲則有明堂有交媾財祿方裕倘兩手直出極大
之地亦木食艱難離鄉得福山龍無可施工平岡平洋抽之
使曲可也

體況分張之鉗
尚有結作爾道
者又何忌乎

原　形

第十章

曲　葬　法

取諸穴前之小明堂而用法者凡九

穴前小明堂與穴內生氣相表裏所謂外接堂氣者正上

此小明堂之氣也地固有龍眞穴的而近身元辰不交者

主少年阻滯衣食艱難語云山管人丁水管財祿然有眀

堂而無毬氈葬得其法亦主旺丁有毬氈而無明堂則法

培外

抽曲　抽曲

按一勺子原評
謂此注法可用
於腦後作後陰
而發福最快未
免惟奇不可輕
試惟識俗不衡
明宜忌一概用
狀美觀偷不得
其災誠有至理
以余所見如此
東鄙殺青棗成
都郭外所作數
家無一是地亦

無可施雖是大富貴之地亦主離鄉發福即此可知堂氣

之勝於生氣遠矣。

注葬法

龍勢濶大寬平元辰交遠立穴於盡處則氣薄立穴於氣

之處則龍氣不住故以注法葬之其法於氣旺處立穴而

穴前開一小明堂用石築砌或方或圓大倍於穴較井深一

二尺。將穴兩旁裁出微如蝦鬚水以會之擇吉方放出或

引一邊近身小界水灣環穴前流下手而去復以薄石板茅

其深堂使外視與金井底磚相平而石下虛空注水流通即

脈遇水止之意也

無一可用注法
而乃概以注法
作之噫法之害
入深矣

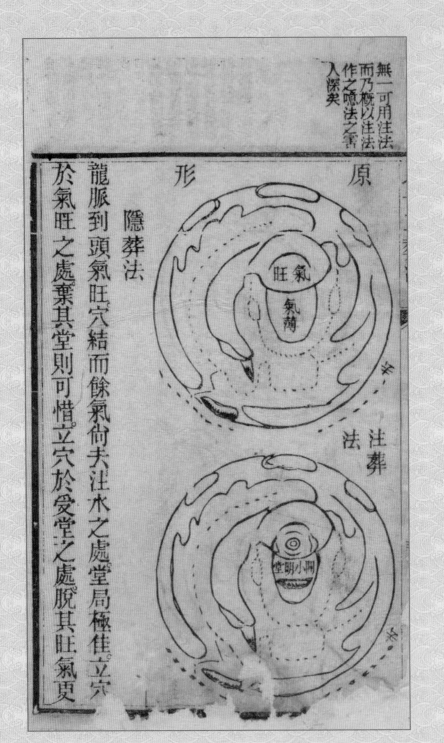

原　　形

隱葬法

氣旺
氣薄

注葬
法

堂明小閘

龍脈到頭氣旺穴結而餘氣尚夫注水之處堂局極佳立穴

於氣旺之處棄其堂則可惜立穴於受堂之處脫其旺氣更

不是故以隱法葬之其法於氣旺處立穴放棺不起墳塋於
受堂處作一假墳於前立碑亦生氣貫棺不貫冢山川朝冢
不朝屍之意。

倣隱法之收效
亦惟在眞冢而
已所以必作隱
葬者即內藏眞
金斗外掩時師
口之意也必謂
眞冢為內接生
氣假冢為外受
朝堂如貫棺朝
冢二句殊屬顚
倒怪僻之至不
可為訓

原　形

兇葬法

低
薄

隱　葬　法

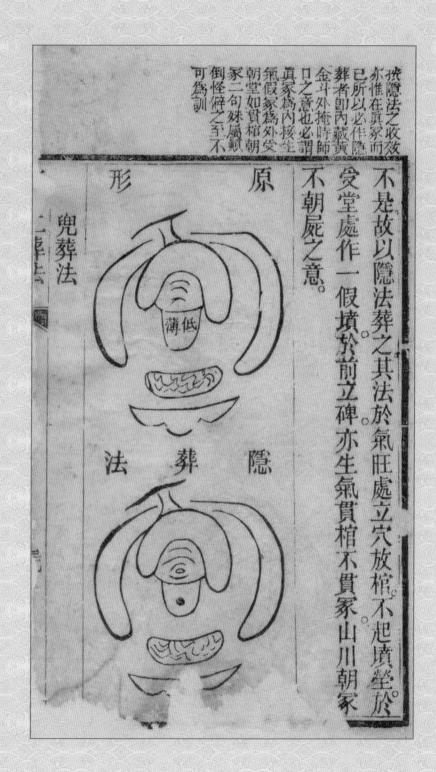

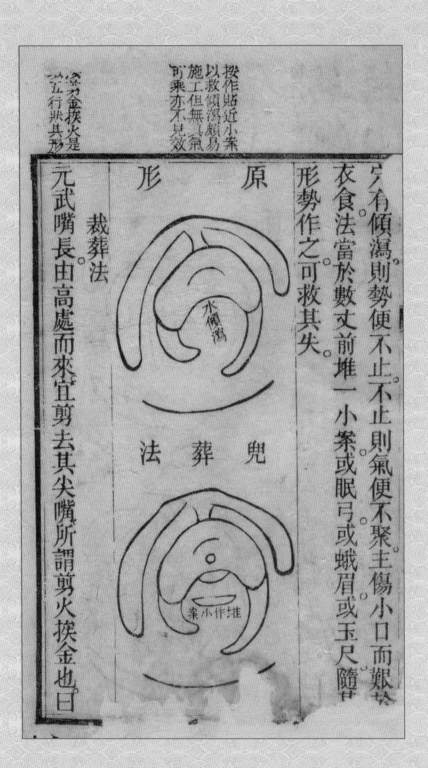

宂有傾瀉則勢便不止不止則氣便不聚主傷小口而艱於

衣食法當於數丈前堆一小案或眠弓或蛾眉或玉尺隨其

形勢作之可救其失。

原 形

裁葬法

水傾瀉

兜 葬 法

堆作小案

按作貼近小案
以救傾瀉頗易
施工但無真氣
可乘亦不見效

金挨火是
行烘其形

元武嘴長由高處而來宜剪去其尖嘴所謂剪火挨金也曰

不得拘執生赳
反落俗衒竇曰

原形　裁葬法

裁者不獨以掘去為義有增之成之裁成輔相之意。

明葬法

明堂固貴團聚尤貴舒暢。若團聚而不舒暢則為蠢落土衣食艱難法當於穴前水聚處開一深池則光明軒豁富貴

秀無不如意

按一勺子原評
謂開池之法止
可用於正局不
可用於此零局此
零正係以水運
為主如上四運

必取六七八九
之水為正局下
四運必取一二
三四之水為正
局是也若單據
山運而言則山
取正神水又必
取山之零位矣

按注水制煞之
水宜深不宜後

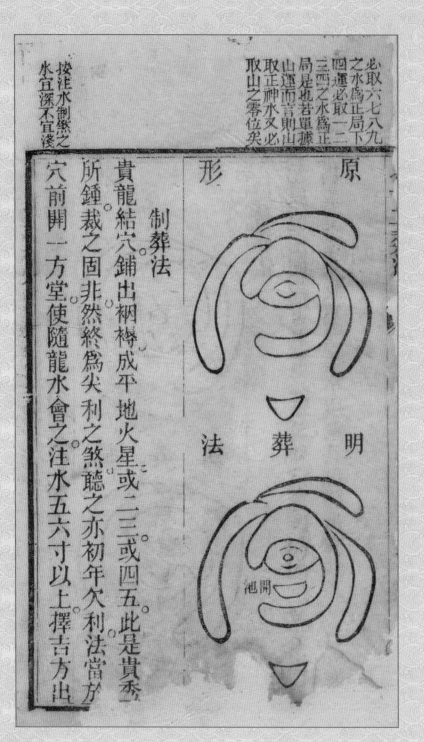

原形

明　葬　法

開池

法

制葬法

貴龍結穴鋪出棺槨成平地火星或二三或四五此是貴秀
所鍾裁之固非然終為尖利之煞聽之亦初年欠利法當方
穴前開一方堂使隨龍水會之注水五六寸以上擇吉方出

當察形局為之
且注水更有元
運關係不可不

拔築塘蓄水如
有光照穴須審
水遠為之徒恃
蓄築無益也

水蓋內堂明淨則外之尖利為權柄制者制服其尖煞也。

原　形

制　葬　法

蓄葬法

元辰直出固無害真龍之結若外堂寬廣而內堂又直出終
為美玉之瑕故築塘蓄水以聚其氣發越極快。

原　形

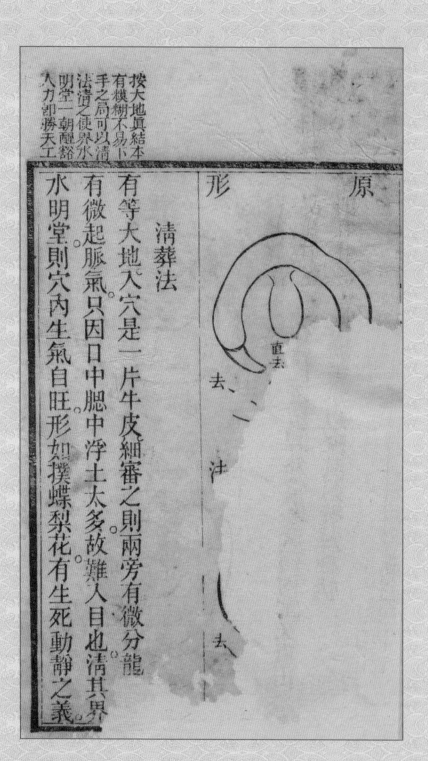

直去

去

法

去

按大地真結本
有模糊不易下
手之局可以清
法洗之使界水
明堂一朝醒豁
人力卽勝天工

清葬法

有等大地入穴是一片牛皮細審之則兩旁有微分龍
有微起脈氣只因口中腮中浮土太多故難入目此清其界
水明堂則穴內生氣自旺形如撲蝶梨花有生死動靜之義

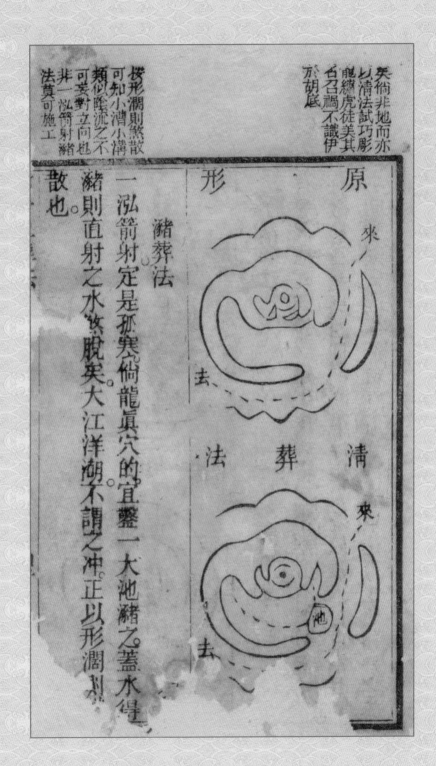

癸倘非地而亦
以清法試巧彫
龍總虎徒美其
名召禍不識伊
於胡底

原　形

　　來

去

清　來

去

葬　法

池

去

潴葬法

一泓箭射定是孤寒倘龍真穴的宜鑿一大池潴之蓋水得
潴則直射之水資脫矣大江洋湖不謂之冲正以形濶則
類似睢涖之不
可妄對立向矣
非一泓箭射潴
散也。

按形濶則煞散
可知小潴小溝

法莫可施工
散也。

原形

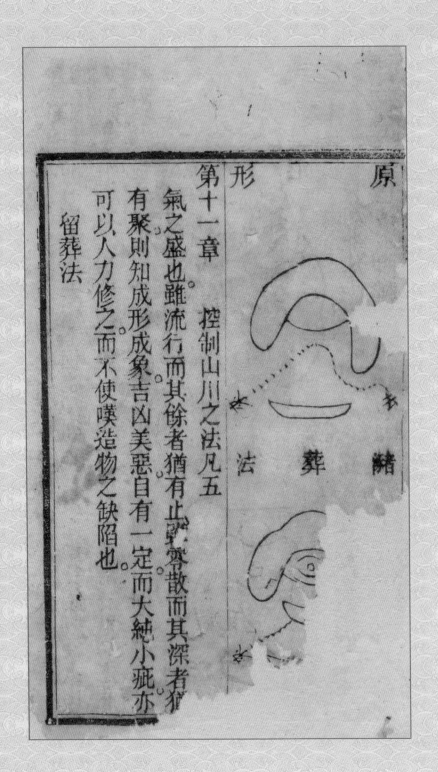

第十一章　控制山川之法凡五

氣之盛也。雖流行而其餘者猶有止。零散而其深者猶

有聚則知成形成象吉凶美惡自有一定而大純小疵亦

可以人力修之。而不使嘆造物之缺陷也。

留葬法

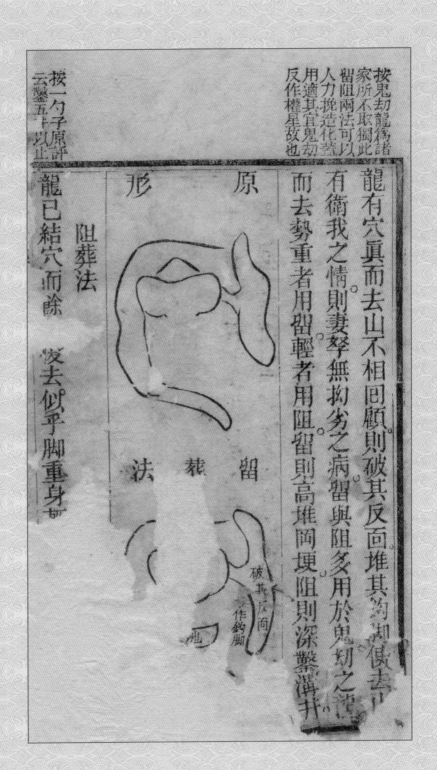

形　原

阻葬法

留　葬　法

龍已結穴而餘　氣去似乎腳重身也

破其反面
要作鈎腳

按劫龍為諸
家所不取獨此
劫阻兩法可以
人力挽造化
用適其宜鬼劫
反作樁星故也

龍有穴真而去山不相回顧則破其反面堆其凶却傾去
有衛我之情則妻孥無拘劣之病留與阻多用於鬼劫之龍
而去勢重者用留輕者用阻留則高堆岡埂阻則深鑿溝井

按一勺子原評
云鑒五十以止

龍亦是此法但
龍之去勢若大
雖鑿無益聽其
自然可也萬不
可斬喪地力以
犯造物所忌

鑿溝井使其才
滿井者谷見也

形行則氣行兮
止之意則氣兮
月路以穿去兮

原　形　　葬　法

撵葬法

撵者撵其不善而箸其善也有凶惡砂水或種植

按撵法最多亦
最活潑不可拘

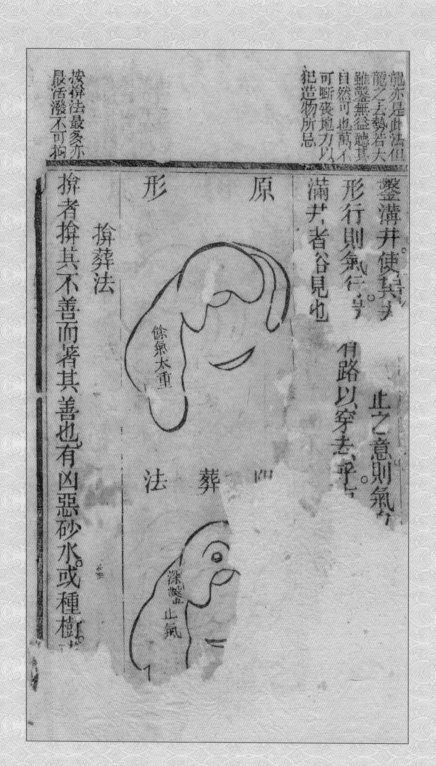

餘氣太重

深鑿出山氣

執明警變作暗
朝不過舉一以
為倒其且已煞
之地有時而吉
綠轉凶吉水煞
煞亦有當用行
法以資補救者

撇之。此法有不為小人撇過正為君子著善之意

原形

招葬法

招者導之使來也有吉水而不入口則鑿
堂有秀砂而不坐出則削去障蔽
遠朝特秀者。其近案改近處。

撇葬法

秘吉水秀砂必
有主體嚴招
之始可生效蓋
真砂真水必與
真穴有情專繁
煞之妙自使暗

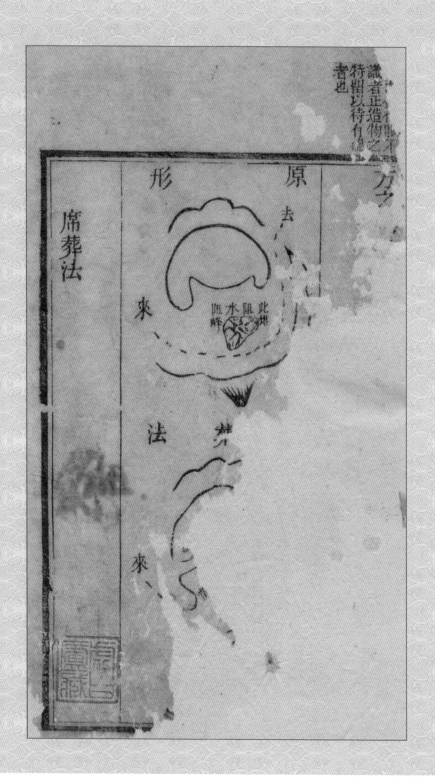

心一堂術數古籍珍本叢刊　第一輯書目

占筮類

編號	書名	著者	提要
1	擲地金聲搜精秘訣	心一堂編	沈氏研易樓藏稀見易占秘鈔本
2	卜易拆字秘傳百日通	心一堂編	
3	易占陽宅六十四卦秘斷	心一堂編	火珠林占陽宅風水秘鈔本

星命類

編號	書名	著者	提要
4	斗數宣微	【民國】王裁珊	民初最重要斗數著述之一：未刪改本
5	斗數觀測錄	【民國】王裁珊	失傳民初斗數重要著作
6	《地星會源》《斗數綱要》合刊	心一堂編	失傳的第三種飛星斗數
7	《斗數秘鈔》《紫微斗數之捷徑》合刊	心一堂編	秘珍本「紫微斗數」舊鈔
8	斗數演例	心一堂編	珍秘本　斗數全書本來面目；有別於錯誤極多的坊本
9	紫微斗數全書（清初刻原本）	題【宋】陳希夷	無錯漏原版　首次公開！
10–12	鐵板神數（清刻足本）——附秘鈔密碼表	題【宋】邵雍	秘鈔密碼表　首次公開！
13–15	蠢子數纏度	題【宋】邵雍	打破數百年秘傳　首次公開！蠢子數連密碼表
16–19	皇極數	題【宋】邵雍	清鈔孤本附起例及完整密碼表　研究神數必讀！
20–21	邵夫子先天神數	題【宋】邵雍	附手鈔密碼表　研究神數必讀！
22	八刻分經定數（密碼表）	題【宋】邵雍	皇極數另一版本；附手鈔密碼表
23	新命理探原	【民國】袁樹珊	子平命理必讀教科書！
24–25	袁氏命譜	【民國】袁樹珊	民初二大命理家南袁北韋之命理經典
26	韋氏命學講義	【民國】韋千里	民初二大命理家南袁北韋之命理經典
27	千里命稿	【民國】韋千里	北韋之命理經典
28	精選命理約言	【民國】韋千里	命理經典未刪改足本
29	滴天髓闡微——附李雨田命理初學捷徑	【民國】袁樹珊、李雨田	命理經典未刪改足本
30	段氏白話命學綱要	【民國】段方	民初命理經典最淺白易懂
31	命理用神精華	【民國】王心田	學命理者之寶鏡